世界名人的青少年时代丛书

中外军事家的青少年时代
DINGSHAONIAN SHIDAI

本书编写组 ◎ 编

通过阅读本书，
希望能鼓励青少年朋友更加发奋学习，
激励青少年朋友不断进步，
进一步引导他们成长为有责任和良好
道德行为习惯的合格公民，
成长为社会主义建设的合格后备军。

世界图书出版公司
广州·上海·西安·北京

图书在版编目（CIP）数据

中外军事家的青少年时代/《中外军事家的青少年时代》编写组编．—广州：广东世界图书出版公司，2010.8（2021.5 重印）

ISBN 978-7-5100-2483-2

Ⅰ.①中… Ⅱ.①中… Ⅲ.①军事家-生平事迹-世界-青少年读物 Ⅳ.①K815.2-49

中国版本图书馆 CIP 数据核字（2010）第 151503 号

书　　名	中外军事家的青少年时代 ZHONGWAI JUNSHIJIA DE QINGSHAONIAN SHIDAI
编　　者	《中外军事家的青少年时代》编写组
责任编辑	韩海霞
装帧设计	李　超
责任技编	刘上锦　余坤泽
出版发行	世界图书出版有限公司　世界图书出版广东有限公司
地　　址	广州市海珠区新港西路大江冲 25 号
邮　　编	510300
电　　话	020-84451969　84453623
网　　址	http://www.gdst.com.cn
邮　　箱	wpc_gdst@163.com
经　　销	新华书店
印　　刷	三河市人民印务有限公司
开　　本	787mm×1092mm　1/16
印　　张	10
字　　数	120 千字
版　　次	2010 年 8 月第 1 版　2021 年 5 月第 10 次印刷
国际书号	ISBN 978-7-5100-2483-2
定　　价	38.00 元

版权所有　翻印必究

（如有印装错误，请与出版社联系）

前　言

毛主席曾说："世界是我们的，也是你们的，但归根结底是你们的。你们青少年朝气蓬勃，正在兴旺时期，就像早晨八九点钟的太阳，希望寄托在你们身上。"希望就是未来，青少年是未来的主人，这一时期形成的兴趣爱好以及性格——诚实或虚伪、勇敢或怯懦、勤劳或懒惰、果断或优柔寡断等等将会影响他们的一生，因此培养良好的兴趣爱好与性格十分重要。那么，怎样才能培养孩子们形成良好的兴趣与爱好，使他们有远大的志向和健康的思想呢？阅读不失为一种简便易行的好方法之一。

军事家，是从事战争这一特殊职业的人，一般都是军队的最高统帅或者是高级将领。大家耳熟能详的军事家有很多，例如：骠骑将军霍去病，精忠报国的岳飞，抗倭英雄戚继光；传奇英雄巴顿，前苏联的常胜将军朱可夫，法西斯克星斯大林；法国总统戴高乐，等等。

这些英雄的青少年时代又是怎样的呢？少年将军霍去病是在怎样的情形下说出"匈奴未灭，何以家为！"的豪言壮语的呢？民族英雄岳飞又是在何时何地壮志未酬挥写下《满江红》的呢？抗倭英雄戚继光是在怎样艰苦的情况下努力学习，报效国家的？美国的西点军校是如何培养学生的？贫苦出身的艾森豪威尔是怎样一步一步完成自己的艰苦求学之路的？前苏联将军朱可夫这样从来没有打过败仗，并以不断的胜利而载入史册的将军，简直是凤毛麟角，这是否与他的青少年时代养成的好习惯有关系呢？法西斯的克星斯大林是穷鞋匠的儿子,他是怎样走上打垮法西斯的道路的呢?书香门第出身的法国总统戴高乐怎样走上从军之路的?很多令你困惑的问题,在这里都会找到答案。

尽管各个军事家可能身份不同、地位不同、国家不同,甚至时代都不同,但是,从他们度过的少年和青年时代可以抽象出某些共同点,那就是:都对军事历史有深入的研究,从小都有自己崇拜的军事家偶像,从小都对兵法怀有浓厚的兴趣。肯吃苦,肯学习。这正是当代青少年值得学习的地方。

《中外军事家的青少年时代》从7位著名军事家的成长历程和性格特征入手,主要介绍了他们是怎样从懵懂无知的小少年,成长为著名军事指挥家的。通过阅读他们的成长故事你会悟出:一件小事可能改变一个人一生;一个偶然的机会可能把一个人送上宽阔的大舞台;一次犹豫可以断送终生的努力。这7位伟大的军事家青少年时代的经历,是他们后来功成名就的最初奠基,他们在青少年时代留给我们的故事必将激励21世纪的青少年奋发图强,成为祖国的栋梁之才。

目 录
Contents

马踏匈奴——霍去病
  英雄的出身 1
  保家卫国 6
  少年英雄 12
  马踏匈奴 15

精忠报国——岳飞
  岳飞的童年时代 19
  岳飞的少年时光 24
  抗金之路的开始 28
  治军有道的民族英雄 32

抗倭英雄——戚继光
  戚继光的童年生活 39
  戚继光的少年时光 46
  军旅征途的开始 52
  奋起平倭保家卫国 55

为战而生——巴顿
  牧场里的快乐生活 62
  小学生巴顿 68

  军事学院生活的开始 73
  西点军校的新生活 79

法国总统——戴高乐
  书香门第 84
  战争下的童年生活 89
  戴高乐的少年时代 95
  在圣西尔军校 101

贫农元帅——朱可夫
  苦难的童年 108
  作坊里的小伙计 114
  战争下的生活 118
  新兵朱可夫 124

法西斯克星——斯大林
  穷鞋匠的儿子 132
  学校生活的开始 136
  索索的中学生活 142
  年轻的革命者 148

马踏匈奴——霍去病

 英雄的出身

霍去病的出生

霍去病，河东郡平阳（今山西省临汾）人，生于公元前140年，他是汉武帝时期的著名将领，官至骠骑将军、封冠军侯，也是我国历史上的伟大的军事家。他是汉朝大将军卫青的外甥，系卫青之姐卫少儿所生。父亲霍仲孺，是平阳府衙役，在平阳公主家当差。卫少儿是武帝后卫子夫、大将军卫青的胞姊，两人私通生下霍去病。

舅舅卫青，与霍去病相同，都是从私生子的低下身份成长为大将军的。卫青小时候，得不到父亲的爱护，卫青形同奴仆。长大后被平阳公主选为骑奴，位虽低微，但锻炼了骑射的功夫，为他以后的军事生涯打下了良好的基础。卫青以超凡的军事才华，为汉王朝建立赫赫战功，而且在封侯以后，又娶了原主人平阳公主为妻，可以说，地位显赫。

卫青既不因战功卓著而轻狂，也不因身为皇亲而骄横，一生谨慎，虚怀若谷，具有一般王侯将相少有的优秀品质。舅舅的言传身教，深深影响了霍去病，为他以后的英勇善战打下了坚实的基础。如果说汉武帝在反击匈奴战争中雄才大略，主要因为他有两件宝器：利剑和强弩。那么，利剑就是卫青，强弩就是霍去病。

霍去病出生时，正是汉武帝刚登基的年份，这时的朝廷正在实行建元新政，但是这一切好像离霍去病和他的家族很遥远。霍去病一家人都生活在平阳公主的府中，其外祖母卫媪和母亲卫少儿都是平阳公主家的侍婢，姨妈卫子夫是府中歌女，舅舅卫青是骑卒。霍去病的命运基本上也会和舅舅一样，是平阳侯的家奴，但是在他1岁时候发生的一件事，彻底改变了他们家族的命运，也改变了霍去病的命运，中国历史上一位伟大的少年将军出现了。

那一年，汉武帝去霸上祭祀，到平阳公主家歇脚的时候，看到了表演歌舞的卫子夫，卫子夫楚楚动人，能歌善舞，汉武帝赏赐平阳公主千金，把卫子夫带回宫中。根据《资治通鉴》的记载，因为卫子夫受宠的缘故，霍去病家已经开始摆脱那卑微的奴隶地位，开始日益显贵。姨母卫子夫被封为夫人，舅舅卫青为太中大夫，大姨母卫君孺嫁给身为九卿之一的太仆公孙贺，卫少儿也就是霍去病的母亲嫁詹事陈掌。

从此之后霍去病家族的命运彻底改变了，这时的霍去病只有4岁，一下子从奴仆的后代成了皇族一员，生活发生了巨大的改变。霍去病，以私生子身份降生，以奴隶身份成长，又突然摇身一变贵为皇亲国戚，这种特殊的出身和境遇养成了他不畏困难的坚强性格和强烈的向上愿望。加之他为人聪颖，勤于学习，因此他在少年时代就练就了一身精于骑射、善于刺杀的出众本领，对于兵书战阵也有所了解。

霍去病的童年

霍去病的童年时代，正是汉武帝对匈奴进行大规模讨伐战争的重要历史时期。这时，以游牧为业的居在我国北部的匈奴族，仍处于奴隶制的社会发展阶段，把掠夺战争当成正常的职业，一向是侵扰中原的强敌。汉初，经过秦汉之交的长期战乱，为了恢复和发展生产，休养生息，汉朝政府一直采取和亲政策，对匈奴实行忍让，以换取边境的暂时安静。然而匈奴却愈益骄横，连年侵扰边郡，劫掠人口牲畜，破坏生产。

据史料记载，西汉接近匈奴的郡县，都成了匈奴掠夺的对象，匈奴人每年杀掠人口不下万人。到了汉武帝时期，由于经济上的繁荣，军事力量的强大，改变了过去的忍让政策，而采取了军事打击，展开了大规模的长期的征伐战争。生逢此时的霍去病，深受大将军卫青的影响，成为了抗击匈奴的重要角色。

舅舅卫青，虽生活在宫中贵为外戚，但他身上仍保持着朴实无华的品格，并有"能骑善射，材力绝人"的本领。这很快传到汉武帝耳中，更得汉武帝的青睐。公元前130年，他一跃而被擢升为车骑将军。兵出上谷，直捣龙城，成为四路出塞军队中唯一获胜的军队，以功封为"关内侯"。从此也开始了他驰逐大漠的军事生涯。

公元前129年，匈奴再次南犯，汉武帝从4个方向组织了一次近距离的出击，分别由卫青、李广等4名将领指挥，各领1万骑。这次战役中，卫青率军袭击了单于龙庭，以极少的代价歼敌700人。而其他数名将军，或一无所获，或损失过半。老将李广战败被俘，幸而他凭着勇敢，途中抢马逃回营中。卫青初露锋芒，汉武帝大喜，封他为关内侯。卫青一战而被封侯，名扬天下，更加奠定了霍去病家族的地位。

公元前128年，霍去病的姨母卫子夫生下皇子刘据，被封为皇后。公元前127年，匈奴军又袭扰上谷、渔阳（今北京密云西南）一带，抢夺财物，袭杀百姓。汉武帝命令卫青、李息率数万骑兵突袭河套地区，乘匈奴左贤王袭扰上谷，无法援救，右贤王部队也毫无防备之机，收复河南战略要地。此次作战，卫青以灵活的战略战术克敌制胜，收回了大片失地，解除了匈奴对长安的威胁，功劳巨大，被封为长平侯，食邑3800户。此时的卫家已经是身份尊贵，今非夕比了。

家族地位的一再提升，使小时候的霍去病生活在锦衣玉食、万千宠爱之中。他跟随姨母来到汉宫之中，从奴仆变成了贵族，但霍去病勤俭朴实的品格没有变。他从不与其他贵族子弟一起尽情享乐、大肆挥霍，贵族子弟们讥笑他是怪人，不知人间欢乐。霍去病并不计较，仍然是每天起早贪黑，练兵习武，苦读兵书，常常废寝忘食，不知寒暑，真算得居豪华而不奢、出污泥而不染。

在舅舅卫青的影响下，他刻苦学习骑马、射箭和剑术，练就一身好本领，成长为一名武艺出众的青年。他也因此成为汉武帝的侍卫。

一天，汉武帝问霍去病："你在宫中生活怎么样？"

霍去病沉思一会儿说："大丈夫应该在边疆杀敌报国，宫中的安逸生活非我所愿。"

他的回答大出汉武帝意料，皇帝高兴地说："好啊！有志气。"

从此之后，汉武帝特别欣赏他的勤苦奋进，他常常在人前夸奖霍去病："出言不凡，品格优异，必是栋梁之材。"

初登舞台

霍去病18岁那年，作为汉武帝的侍中，出入宫禁，侍从武帝，深受信任。边疆的战事不断传入宫中，也传入霍去病耳中，少年的梦想一直还在他的心头缭绕，他心里难以平静，多次请求汉武帝让他随军出征。汉武帝出于对这个外甥的喜爱，希望他少年成材，终于同意了霍去病的请求，让霍去病上了战场，一段传奇就此展开。

公元前123年，汉武帝命令以卫青为统帅，率6位将军10万骑兵，深入大漠，寻找匈奴军主力决战。大军集结完毕，正要出发，就在这个时候，一位年轻将领大步走来。他气宇轩昂、英武潇洒，见到卫青，双手一拱，说："嫖姚校尉前来请战，请统帅吩咐。"

这便是初登沙场舞台的霍去病，汉武帝特地命令卫青挑选800名骁勇善战的骑兵，归霍去病指挥。这些骑兵大多数都是羽林出身，霍去病本身也是羽林出身，羽林本身就是汉朝的精锐部队，是汉武帝精挑细选出来的精锐。

霍去病带着这800精锐来到大漠边关，他骑着战马奔驰着，希望尽快遇到匈奴，展现一下自己的武艺，可是，卫青却让他留在大本营，作为后备队。在他苦苦哀求下，卫青才答应他率军出击，并嘱咐说："不要走得太远，遇到匈奴大队人马立即回来。"

匈奴听说汉军大批人马来攻，立即逃走。卫青派4路人马分头去追赶匈奴主力，他坐镇大营，等候消息。4路人马追了200多里，没有找到匈奴主力，俘虏些散兵而归。到了晚上，大队人马都回来了，只有霍去病一直没有消息。

原来，霍去病带领着 800 骑兵一直向北搜索，却看不到一个匈奴的影子，他求战心切，不知不觉走了几百里。时间已过中午，他下马吃点干粮，远眺着一望无际的草原，他决心继续北进。

夜幕降临大地，他们迎着塞外刺骨的寒风疾驰，在马上度过一个漫长的夜晚。当曙光出现在东方时，他们才发现前方隐隐约约有匈奴人的帐篷。他们马上兴奋起来，霍去病一声令下，"停止前进"。他把 800 人分成 3 路，两路从左右两侧向帐篷包抄，他率一路从正面袭击敌人。

离敌人越来越近了，敌人毫无察觉。霍去病大吼一声冲向最大的帐篷。主人这时正在酣睡，等他惊醒时，霍去病已冲到他身边，霍去病手起刀落，人头点地。敌人像受惊的黄蜂，四处乱窜，800 勇士从两侧一个个帐篷地肃清了敌人，斩首 2028 人。为防止敌人反扑，霍去病率众人携带战利品飞奔汉营。

卫青正在营中等得着急，忽见霍去病提着一个人头回来，后面的兵士还押着俘虏。一审问才知道，这两个俘虏一个是单于的叔叔——罗姑比；一个是单于的相国——和当户；那个被霍去病杀了的，是单于爷爷一辈的王——籍若侯产。

大军回到京师，汉武帝出于对这个外甥的欣赏，当着满朝文武百官，划食邑 1600 户，加封霍去病为"万户侯"。

他又说："叫你什么侯呢？你勇冠三军，就叫你冠军侯吧！"

现在体育竞赛中的冠军，就是从霍去病的封号演变来的。

这次战役，汉军的 6 路人马各有胜负，未达到预期目的。只有霍去病率的 800 骠骑勇士径直抛开大军几百里，寻找有利的机会攻杀敌人，深入敌后数百里，一举踏破敌营，活捉匈奴重要头领，战果最辉煌。在这次战役中，霍去病没有任何实战和指挥经验，他凭一腔热情和血气之勇，成就了一段佳话。他的心中没有害怕、没有惶恐，有的只是建功立业的雄心，以及不顾危险的豪迈，正是这种豪迈使少年成功了。

 保家卫国

骠骑将军

公元123年以后,汉朝为了从根本上解除边患,改取了新的战略,准备出兵直向占据"河西走廊"的匈奴诸部进攻。"河西走廊"是蒙古高原和青海高原之间的一条通向西域的交通要道。早在秦汉之交,匈奴就占领了河西地区,由浑邪王和休屠王分两部统治,借此控制西域各国,并与南面的羌人结合,从西部构成对汉朝的威胁。因此,夺取河西,具有重要的战略意义。

它既可从西北方面对匈奴"王庭"施加压力,解除来自西面对长安的威胁,同时还可从西南方面隔绝匈奴与羌人的联系,进一步远出大西北联络西域,实现从西方包抄匈奴的战略计划。

公元前123年的战役结束之后,汉武帝决定组成强有力的骑兵部队,进攻自河西威胁首都长安的匈奴军,以打通通往西域的商路,解除长安左翼侧军事威胁,巩固已收复的河南地区。

在公元前121年(元狩二年)春,就是霍去病上次初露锋芒的两年后,武帝经深思熟虑,决定出兵匈奴,并将这一重要军事任务,大胆地交给了年仅20岁的霍去病,任霍去病做骠骑将军,率领1万精锐骑兵,西出秦陇,实行夺取河西计划的第一步。

这次出塞,汉武帝的目的是检验一下霍去病的大兵团作战能力,所以给了霍去病1万骑兵,希望霍去病在这里锻炼自己的军事才能。生龙活虎的霍去病,面对困难,毫无畏惧,满怀信心地接受了任务,领兵出发,开始了汉王朝第一次收复河西之战。霍去病在进军河西的战斗中发挥了骑兵的高机动性优势,行动神速,运动灵活,冲击猛烈,展示了强大的威力。他率军穿山涉水,长驱直入,转战6日,经过5个匈奴的部落并接连攻破匈奴

守寨。

接着，霍去病人不下鞍，马不停蹄，大胆深入，他渡过狐奴河，冲过焉支山1000余里，（位于甘肃省永昌西），深入敌境千余里，与敌人短兵相接，在皋兰山与匈奴卢侯王、折兰王打了一场硬碰硬的生死战。在这次战役中，霍去病惨胜，1万精兵仅余3000人。而匈奴更是损失惨重，霍去病的骑兵与匈奴西部主力大战于皋兰山下，歼灭敌军8900多人，杀死了匈奴的折兰王和卢胡王，生擒了浑邪王的王子和相国、都尉等，夺获了休屠王的祭天之器。驻扎在河西的浑邪王、休屠王等随败军远逃。在给予匈奴浑邪王、休屠王以沉重打击之后，霍去病奏凯回师。汉武帝嘉其功，加封霍去病食邑2000户。唐代诗人李白在《塞上曲》中讴歌道：

命将征西极，

横行阴山侧。

焉支落汉家，

妇女无花色。

原来，焉支山是座名山，不仅地势险要，而且满山滴翠，鸟语花香，素有"胭脂山"之称。李白在诗中形容：由于焉支山（胭脂山）被霍去病收复，匈奴妇女都没有胭脂修饰容貌了。

鹰击长空

这次战役后不久，元狩二年的夏天，汉武帝决心继续扩大战果，彻底消灭河西匈奴军。骠骑将军又一次领军出征。这次进攻中没有卫青的身影，汉武帝命霍去病与合骑侯公孙敖率军数万，分道齐出北地（今甘肃省庆阳西北）；另命博望侯张骞、郎中令李广率军万余，分道出右北平（今辽宁省凌源西南），以策应霍去病对河西的攻势。

从汉武帝的意图来看，这次东北的作战是一次战略牵制，是为了西北的出击，目的是全力打击匈奴在西北的右贤王集团，以达到通西域的战略目的。19岁的统帅霍去病不负众望，在千里大漠中闪电奔袭，打了一场漂亮的大迂回战。

开战之前，霍去病认真研究了匈奴军飘忽不定、进锐退速的特点，吸

取了前次作战时正面进攻迫敌溃逃的教训，决定改取侧后袭击的作战方法。他命公孙敖率兵一部，沿焉支山北麓向浑邪王、休屠王王庭正面进攻，以吸引匈奴注意力，自己率剩余兵力，采取大迂回行动，向西直插居延海（今甘肃额济纳旗东）然后由北向南卷击，与公孙敖合击匈奴军于祁连山地区。霍去病率军出北地后，与公孙敖分路挺进。公孙敖因为迷失了道路，没能如期与霍去病会师。

霍去病遂单独率军绕过居延海，沿弱水折向弱水上游疾进，穿过小月氏地区，再转向东南，在祁连山与合黎山之间的黑河流域与浑邪王、休屠王的军队展开激战，大获全胜，共歼敌约3万余，俘虏王子、相国、将军、都尉等百余人，单桓王、酋涂王等2500余人投降。

此次作战，在无后方支援和其他部队配合的情况下，霍去病率大军以迅疾凶猛之势，如狂飙骤起，所向披靡。他以超人的胆略，充分发挥骑兵突飞迅捷、灵活机动的特点，深入匈奴军侧后2000余里，消灭匈奴军于祁连山麓，不仅取得了收复河西之战的重大胜利，也创造了中国古代骑兵集团远程奔袭作战的典型战例。

反观匈奴方面由于一战落败，元气已伤，信心已挫，两军尚未交战，心理上已输了一截，到一交手，胜负立分。河西大局即定，汉王朝终于获得了对这个丰美牧场和咽喉要冲的彻底控制权。如此，战局发生大扭转，从互有胜负到汉军占优，匈奴人开始对霍闻风丧胆，从此染上了恐霍症，无人敢撄其锋。匈奴人唱出了这样的哀歌："亡我祁连山，使我六畜不蕃息；失我燕支山，使我妇女无颜色。"

这是一次重大的军事胜利，不仅消灭了匈奴的大量有生力量，而且从根本上切断了匈奴与西羌的联系，打开了通往西域的通道。在这次战役中，霍去病的指挥日臻成熟，汉军的损失只有十分之三左右，不像上两次有接近一半的损失。

在这一场血与火的对战之后，汉王朝中再也没有人质疑少年霍去病的统军能力，其对统兵已变得驾轻就熟，判断、分析、决断、调兵遣将、排兵布阵，出击时机的拿捏等已臻成熟。他成为汉军中的一代军人楷模、尚武精神的化身。霍去病由于屡建大功，恩宠日隆，逐步加封，政治地位愈高，军事威望也愈大，几乎与大将军卫青相齐名。霍去病的部下有赵破奴、高不识、仆多三人封侯，随霍去病到达小月氏的校尉们都被封为左庶长的爵位，一批军中人才牢牢凝聚在霍周围，一个战斗力极强的集体已然成形。

战神降世

在霍去病的多次袭击下，河西匈奴军损失精兵数万，无力再战。匈奴西部地区的浑邪王、休屠王，连战连败，处境十分困难，而匈奴最高统治者伊稚斜单于又指责他们连年战守不力，有损国威，欲召而杀之。河西匈奴军首领浑邪王惧怕单于问罪，劝说其副将休屠王共同降汉。因此，在这年秋天，浑邪王与休屠王相约叛胡降汉。

汉武帝觉得匈奴的情况很复杂，恐其有诈，为安全起见，决定派霍去病率军去接受浑邪王与休屠王的投降。这个受降任务，是担有风险的，因为情势的变化很难预测，随时有被袭击暗害的可能。

对于降汉，当休屠王突然中途反悔，浑邪王情急，遂引军刺杀了休屠王，并收编了他的部众。等霍去病引军渡过黄河，列阵前进时，浑邪王的部众也列队等侯，与浑邪王的部队遥遥相望，情势十分紧张。浑邪王的一些部将见汉军阵容齐整，心存疑惧。这时，浑邪王部下一些不愿投降的人，暗中蛊惑，意欲骚动，大有呼啸惊散之势。

霍去病为防其哗变，当机立断，亲率精锐挺身飞马驰入浑邪王的营阵之中，立刻同浑邪王进行谈判，并命令将意欲逃走的8000人杀掉，迫使浑邪王以下4万余人拱手归降，稳住了形势。少年英雄的胆识可见一斑，他当时像战神一样威武，这个形象刻在了匈奴人的心中，也刻在了中国历史的画卷上。

受降之后，霍去病派人护送浑邪王单身乘驿站快车先赴长安见汉武帝，自己则亲率投降的匈奴部众4万人，号称10万，缓缓地渡河而东，回到长安。汉武帝封浑邪王为漯阴侯，食邑万户，裨王呼都尼等4人亦受封为侯。降众分别安置在陇西、北地、上郡、朔方、云中等5郡关塞附近地区，称为"五属国"，仍保持他们原有的生活与风俗。原浑邪王旧地改为武威、酒泉二郡。至此，西部地区庶几无患，遂减戍卒之半，以宽民力。

从此，河西走廊成为汉朝的领土，不久汉朝在河西地区设立了武威、张掖、酒泉、敦煌4郡，汉与西域之间的交通，从此畅通无阻。汉朝摆脱了两线作战的形式，可以专一对付东北的匈奴左贤王部和单于本部。这是中国历史上第一次面对外虏的受降，不但为饱受匈奴侵扰之苦百年的汉朝人扬眉吐气，更从此使汉朝人有了身为强者的信心。

霍去病在这次受降过程中，充分发挥了他的勇敢、果断、机智的才干，再一次为汉朝做出了重要的贡献。受降获得成功，促成了河西之战的全面胜利，有利于汉匈各族人民的融合，维护了国家的统一。这是霍去病最主要的历史功绩。

巅峰之作

河西战役结束后，霍去病又被汉武帝封赏，划定一千七百户，增封骠骑将军。这位少年将军只休息了一年多，又一场战役在等待着霍去病，这就是赫赫有名的漠北战役。浑邪王归附汉朝以后，匈奴势力的右翼力量已基本解决，但匈奴单于的中坚部分仍有较大的力量，经常对汉朝发动强大的攻势。公元前120年秋天，匈奴数万骑兵攻入定襄、右北平一带，杀掠甚众。为了彻底击溃匈奴主力，汉武帝集中全国的财力、物力，准备发动对匈奴的第三次大战役。

经过一年多的士马休整和财政军资准备，汉武帝召集诸将开会，商讨进军方略。

他说："匈奴单于采纳赵信的建议，远走沙漠以北，认为我们汉军不能穿过沙漠，即使穿过，也不敢多作停留。这次我们要发起强大的攻势，达到我们的目的。"

公元前119年（汉元狩四年）春，汉武帝挑选了10万匹精壮的战马，步兵和伕役数十万众，由大将军卫青、骠骑将军霍去病各率精锐骑兵5万人，分作东西两路，远征漠北。为解决粮草供应问题，汉武帝又动员了私人马匹4万多，步兵10余万人负责运输粮草辎重，紧跟在大军之后。

这次作战，汉武帝以霍去病为右翼主将，命其率领经严格挑选的作战勇猛的精壮士卒约5万人，出代郡（郡治在今河北蔚县东北）寻歼匈奴单于部队。另以卫青率左翼军出定襄，配合霍去病作战。

霍去病率军出代郡，经右北平（郡治在今河北蓟县）度过大漠，北进2000余里，未获单于，却抓到了单于近臣章渠，并与左贤王军相遇。霍去病充分发挥骑兵的机动作战能力，对左贤王发动猛烈突袭，左贤王军大败，率亲信将领弃军而逃。霍去病挥军丢弃辎重，轻兵紧紧追赶。士卒们忍饥耐渴，视死如归，一直追到狼居胥山（约在今内蒙古克什克腾旗西北至阿巴嘎旗一带。一说今蒙古乌兰巴托附近）、瀚海（今内蒙古高原东北呼伦湖与贝尔湖。一说今俄罗斯贝加尔湖）而还，大破匈奴左贤王的兵马，俘获左贤王手下3个小王，以及将军、相国、当户、都尉等83人，杀死7万余人。

这一仗，彻底打垮了左贤王，这个马背上的强悍民族终于在强大的西汉王朝的倾力打击下，在霍去病这样的不世名将的铁血征阀下引马而去，不窥阴山。经此一役，"匈奴远遁，漠南无王庭"。

为了庆祝胜利，霍去病特地在狼居胥山主峰上建立高坛，祭祀天地，祭奠烈士，犒劳将士，振发军威，然后班师凯旋。此战是匈奴单于与西汉一次战略大决战，也是西汉时期规模最大、进军最远的一次追击，最终以汉军的全面胜利而告终，霍军仅损失了十分之二，以较小的代价取得了辉煌的战果。汉武帝向匈奴战略进攻达到顶点，危害汉朝100多年的匈奴边患基本上得到解决。

在这次远征中，霍去病在指挥上充分发挥了他的快速勇猛、机动灵活的战术特长，因而取得了极其辉煌的战果，霍去病功大于卫青，汉武帝加封食邑五千八百户，命同大将军卫青共掌大司马之职，担负全国军事重任。霍去病所以敢于率骑兵进行无后方远距离作战，并所向披靡，除了他在作战指挥上才干异常卓越外，还应归功于他治军严格，训练并掌握了一支精锐强悍的骑兵部队，人称"霍家军"。他统率的骑兵，都是经其本人严格挑选的，个个身强力壮、骑艺精熟、能吃苦耐劳。其中包括许多自愿归汉的匈奴骑兵，他们精于骑射、熟悉地形、勇敢善战，成为霍家军中战斗力极强的力量。

 少年英雄

廉洁自律

汉武帝元狩二年（公元121年）仲秋的一天，沐浴在金色秋阳中的长安城皇宫，洋溢着一派喜悦欢乐的气氛。这一天，宫内要举行一次规模盛大的祝捷庆功礼。在悠扬悦耳的钟鼓声中，汉武帝在文武大臣簇拥下，安坐在雕龙绘凤的御座上。庄严隆重的典礼开始了：两名黄门太监从殿外玉阶下引进七八名头戴金盔、身披描金锦袍的将军，走在最前面的是立下了赫赫战功、使匈奴闻之丧胆的"冠军侯"（古代爵位名）霍去病，他20出头，非常年轻，特别是他那英俊的仪容、魁梧的身材，十分引人注目。

霍去病来到殿中肃立站定后，汉武帝便命太监宣读诏书，论功行赏："骠骑将军（高级武官名）逾居延，逐小月氏，攻祁连山，歼敌3万余，加封将军食邑五千户……"

隆重的典礼结束后，当霍去病正准备乘车返回军营时，一位黄门太监急匆匆地向他走来，笑着对他说道："冠军侯请留步！"

霍去病奇怪地问："公公有何事吩咐？"

太监道："侯爷不必多问，等会便知。"

说罢，便请霍去病同他一起登车，然后命车夫扬鞭策马，向城外飞驰。不久，来到一座绿树环绕、飞檐碧瓦的高楼大院前，这时，那朱红大门外已有数十名侍仆在肃立迎候。

"侯爷请下车！"

莫名其妙的霍去病下车以后，面对那豪华的大院和肃立恭迎的侍仆感到十分奇怪。

"侯爷！"太监这时对他言道："皇上念你长年在外征战，为国辛劳，立下盖世奇功，特派京中名工巧匠为侯爷修建了府第，现在就请侯爷回

府……"

霍去病大吃一惊,心想:这怎么行啊!匈奴未灭,战争还在进行,我怎能离开军营和士卒,到这深楼大院中独居啊!

霍去病赶紧走到汉武帝跟前,言道:"陛下深仁厚泽,赐臣府第,臣感恩不尽,然这座府第,臣实不敢领受!"

汉武帝笑道:"爱卿劳苦功高,理当受朕所赐,就不必推谢了。"

"陛下,"霍去病急忙言道,"这是万万使不得的!"

汉武帝问道:"却是为何呢?"

霍去病慷慨言道的:"身贫微,自从戎驰驱沙场以来,屡受陛下赏赐,心已不安,今日怎敢再受陛下如此重赐!再说,今虽取得'河西'大捷,然匈奴未灭,我北方父老姊妹仍遭蹂躏,臣的重任尚未完成,又怎能解甲卸胄,享安乐于高楼深院之中?匈奴未灭,何以家为?!陛下,还是让臣即返军营,与将士们同甘共苦,为剿灭寇仇驱驰效命吧!"

汉武帝听了霍去病这一席动人肺腑的忠义之言,大受感动,便答应了霍去病的请求。不过还是说,这座府第暂且留下,待日后边患平息,乐享太平之时,再让霍去病去居住。霍去病这才谢恩出宫,返回军营。可是,霍去病后来并未住进这所豪华的府第。他那句"匈奴未灭,何以为家!"也成为他一生的真实写照,一直为后世所传诵。

酒泉飨士

一次,霍去病在剿灭匈奴的战斗中打了一个大胜仗,捷报传到长安,汉武帝十分高兴。为了嘉奖霍去病,汉武帝派人从远道送给霍去病绫罗50匹,黄金500两,贵重皮毛50束,美酒两坛。

霍去病觉得,打仗主要靠士卒英勇奋战,功劳不能全归于主帅,他便把绫罗分给战斗立功者,黄金奖给远离家乡父母年迈的士卒,皮毛送给伤残者,只剩美酒两坛。众部将都劝他留下:"大将军,俗话说,'主帅不力,累死三军',我们能取得战斗的胜利,全靠你英明的指挥,本来这些奖品应归你才对,现在你克己恤下、体贴士卒,全分给了大家,大家领你的盛情全收下了。这两坛美酒你是应该留下的。"

"对啊，这两坛美酒你应该留下。这是圣上对你的嘉奖，只有你受之无愧！"

"再说，两坛酒这数万士卒也分不过来，还是将军留下吧。"

"各位的心意我是十分感激的"霍去病温和地说。

"但是，打败几万匈奴不是我一个人的功劳，是靠全体将军、士卒，圣上送来美酒，我一人岂能独享？还是要和全体将士共享。至于如何分配，我自有办法。"

众部将素来了解霍去病的品德，劝也无用，便一个个不再言语，按照将军的要求去分发绫罗、黄金、皮毛。过了几天，兵马来到了一条清澈的泉水边，霍去病下令全体将士在泉边休息打尖。

他令侍从抬出两坛美酒，他骑在战马上对大家说："全靠全体将卒的拼死战斗，我们才打败了匈奴的锐利兵马，取得辉煌战绩。现在圣上嘉奖我们，从长安远道送来两坛美酒，我将它倾入清泉，让全体将卒一起分享。"

说完便命令随从把两坛酒倒入泉中。

众将卒感动万分，一齐取出碗来，舀上酒泉，高呼："感谢将军隆恩！誓歼胡虏以报效！"

霍去病追击匈奴，过了燕支山、祁连山仍不肯罢休，继续率军西进，将士们问霍去病何时班师回长安，霍去病气势昂然地说："倒看北斗星。"

何时才能倒看北斗星呢？将士们私下窃窃议论。

一天傍晚，霍去病的军队住在一座荒凉的山上（传说在苏联莫斯科附近）。山地无三尺平处，连安营下寨的地方都没有。霍去病就下令全军露天宿营。半夜，两个值勤的卫兵，望着蓝天上灿烂的星斗说："北斗星呀北斗星！何时才能倒转？"

两个卫兵一边说一边拿着长矛来回巡逻。两人转到霍去病的床边不约而同地看看熟睡的霍去病，又看看天空明亮的北斗星，走到一起低语一阵，就又蹑手蹑脚向霍去病床前走去。两人立在霍去病床的两头，屏住呼吸把霍去病睡的床轻轻地抬起转了个方向，然后大声喊道："快看！快看呀！北斗星倒转了！北斗星倒转了！"

他俩这一呐喊，许多士兵都被吵醒，醒来的士兵不辨真伪也跟着喊了起来。霍去病正在梦中，突然听士兵纷纷乱喊："北斗星倒转了，"慌忙坐起，他睡意朦胧中一看，北斗星的方向确实和睡前的相反，因为先前有言在先，做将军的是不能言而无信的，匈奴的残余已被追至了边境地区，于是霍去病下令班师回朝了。

 马踏匈奴

英雄气概

霍去病具有超乎寻常的英雄气概。司马迁说他"有气敢任，即不避艰险，勇挑重担，英武果敢"。从其作战记录可知，霍去病打仗有两大特点，一是敢于冒险，二是凶狠顽强。前者是说他敢于孤军深入，又经常是冲杀在前。

但是霍去病绝不是只有意气之勇的匹夫，而是一员既勇且谋、能够决胜千里的战将。前引霍去病"不至学古兵法"语虽不无偏颇，但从中也可约略看出他的为将之道，这即是不拘泥于习俗常规，重视战前的"方略"即谋划，同时又注意根据战场实际而随机应变。霍去病非常善于运用骑兵集团在沙漠、草原地带机动作战，他可以指挥骑兵进行短程奇袭．也可以指挥骑兵进行长距离、大规模的正面进攻，可以用骑兵打运动战，也可以用骑兵打遭遇战，表现出良好的战术素养和高超的临战指挥艺术。

霍去病所率领的骑兵，无论是800人的"轻勇骑"，还是1万人、5万人的大军，都是精心挑选出来的优秀士兵。如漠北之战时，"敢力战深入之士皆属骠骑"。他们不仅武艺高强，而且作战勇敢，加上优良的装备，所以霍去病的部队很可能是汉军的精锐之一，战斗力远远强于"诸宿将所将士马"。此外，在霍去病的麾下，还汇集了一些投降汉朝的匈奴族校尉，他们熟知匈奴道里，可以引导汉军长驱直入而不迷失方向，还可帮助汉军取食于敌，使他们得以轻装"绝大漠"，充分发挥其机动、灵活、快速的优势，

捕捉战机，创造战机。

霍去病是汉武帝亲自培养、一手提拔起来的。他对霍去病的宠信，似乎超过了所有的大臣。这其中固然不乏裙带关系和私人感情的因素，而最根本的原因，却是因为霍去病具有一种强烈的忠君报国精神和奋发有为的气势。当汉武帝为霍去病建造起精美的住宅并嘱他前往察看之时，霍去病说出了"匈奴未灭，无以家为也"的千古名言。从某种意义上说、霍去病正是因为具有为国忘家的高尚品格，才能够屡建奇功。

后世敬仰

严风吹霜海草凋，
筋干精坚胡马骄。
汉家战士三十万，
将军兼领霍嫖姚。
流星白羽腰间插，
剑花秋莲光出匣。
天兵照雪下玉关，
虏箭如沙射金甲。
云龙风虎尽交回，
太白入月敌可摧。
敌可摧，
旄头灭，
履胡之肠涉胡血。
悬胡青天上，
埋胡紫塞傍。
胡无人，
汉道昌。"

李白一首《胡无人》，让人们于千载之下犹能想象出霍去病的虎虎生气。霍去病好像就是为了打败匈奴来到这个世界上，在他短暂一生中，从18岁第一次出塞，19岁歇了一年，20岁三出河西，春天的时候在河西走廊纵横了近

4000里，带着1万人冲杀于匈奴各部，回来的路上更是在今兰州城西北郊的皋兰山跟匈奴两个部落王鏖战一场，1万人最后只剩下3000人，可以想见其战斗的激烈。稍事修整过后，又在夏天再次出塞，这一次在军事史上堪称经典的大迂回作战，让霍去病在沙漠戈壁中一路砍杀驱驰了近7000里路。

这位少年将军是和匈奴联系在一起的，霍去病去世以后，汉武帝再没有发动对匈奴的大规模战略作战，少年将军好像把汉武帝一代对匈奴的仗都打完了。他永远以冷峻傲岸强悍的少年姿态留存于千古的记忆之中。

中天悬明月，
令严夜寂寥。
悲笳数声动，
壮士惨不骄。
借问大将谁？
恐是霍骠姚。

读杜甫这首《后出塞》，一个景象就出现在大家脑海之中：广袤的朔漠静寂如磐，残月如钩，干冷干冷，奔袭千里的骑士和骏马已汗湿全身，直透重铠，人和马呼出的热气转眼凝成霜花飘落在马头人面泛出片片银白，旌旗半卷犹散发着烽烟气息，将士们警觉的眼睛和矛戈在曙色熹微中光点闪闪。跨坐在西域汗血马上的霍去病面容沉毅……

现在，只要大将军扬眉剑出鞘，这渊停岳峙严阵以待的数万铁骑就会如怒海惊涛长驱千里势不可当……

霍去病是历史上著名的，也是最年轻的军事活动家。他为人坚毅果敢，真诚谦和，机智雄武，胆气充盈，富有搏击精神。在实战中，他具有杰出的指挥艺术，充分发挥了骑兵的特点，战法灵活机动而不拘泥于古法，长于快速奔袭且善于捕捉战机。汉武帝曾经要求他学习孙吴兵法，他回答说："为将者须随时运谋，何必一定拘于古法！"

霍去病享年有限，但他数出塞北，征程万里，为汉朝扫除边患、扩大疆域，建立了大功，用自己的行动为自己树立了丰碑，造成了历史上的一代风流人物。然而他又严于待己，并不居功自傲，也不追求安逸享乐。因此，他一直成为历史上人们十分景仰的人物。

汉朝以后的人，常用"霍嫖姚"这个名号来歌颂勇于作战的英雄。唐代诗人高适曾以"嫖姚北伐时，深入强千里"的诗句，赞颂过他的武功，激励过后人。这就充分说明了霍去病在我国历史上的地位。

霍去病的墓至今仍然矗立在茂陵旁边，墓前的"马踏匈奴"的石像，象征着他为国家立下的不朽功勋。千载之后，世人仍然遥想少年大将霍去病的绝世风采，为他的精神和智勇而倾倒，为他那不恋奢华保家卫国的壮志而热血沸腾。连他墓前那石雕的骏马，也以其内蕴神韵博大气魄而彪炳青史于不朽。"霍骠姚"已成了英勇果敢、一往无前的代名词。虽然他只活了24岁，却长命2000多年。这是一种境界，更是一种超越。

后人对霍去病将军的仰慕和喜爱的情结，不光是对少年英雄的怀念与哀思，更重要的本质内容其实是对尚武精神的推崇与向往。所以霍去病打的战役是汉民族战争史中最为荡气回肠的，他的胜利已不单是几次对外战争的胜利，更成为了一种精神象征的丰碑，整个汉民族为之骄傲，它鼓舞感召着一代一代的汉族儿女，他那句"匈奴未灭，何以家为！"的豪言壮语更让无数性情汉子血脉贲张。正因为如此，霍去病成为了古代士人与将领共同偶像，人们竞相歌咏他、崇敬他、热爱他，自古至今延绵千年。

精忠报国——岳飞

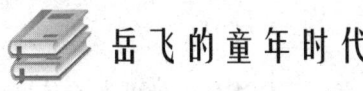 岳飞的童年时代

人穷志不穷

岳飞，字鹏举，南宋中兴四将（岳飞、韩世忠、张俊、刘光世）之一，是宋朝著名的抗金将领、著名军事家、民族英雄。他出生于北宋相州汤阴（今河南汤阴县）的一户佃农家里。岳飞的父亲岳和，母亲姚氏，均系当地农民。这对恩爱的夫妻，虽说耕种的土地较贫瘠，但由于他们终年含辛茹苦，扶犁握锄，竭心耕种，所得除自给外，还能以少量谷物帮助乡里，日子总还算过得去。然而，最让他们伤心的是，夫妻俩都已接近不惑之年了，还没有养活一个儿女。这事儿已成为他们的心病。就在他们临近绝育之年，相继生下了岳飞、岳翻两个男孩，夫妻俩自然是心花怒放，高兴万分。

据传说岳飞呱呱出生的那天傍晚，一群大雁从天空飞过，父母高兴地说："好，就叫岳飞。愿吾儿像这群大雁，飞得又高又远。"

就在岳飞出生的这一年，黄河自大名府内黄县（今河南内黄）决口，滔滔的洪水一泻千里，淹没了永和乡，使这一带农民经济上蒙受了重大损失。岳飞的母亲姚氏怀抱着岳飞，坐在一只大水缸中，顺水而下保住了生命。滚滚的黄河水把岳家冲得一贫如洗，生活十分艰难。从此，岳和也和其他农民一样，生活陷入极端贫困的境地。因而，童年时期的岳飞，自能

从事劳动之日起，便经常到田野里去打柴割草，帮助家里做些零活，尽量减轻父母经济上的负担。岳飞虽然从小家境贫寒，食不果腹，但他受母亲的严教，性格倔强，为人刚直。

岳飞有几个结拜兄弟，因为没有饭吃，要去拦路抢劫，他们来约岳飞。岳飞想到母亲平时的教导，没有答应，并且劝他们说："拦路抢劫、谋财害命的事儿，万万不能干！"众兄弟再三劝说，岳飞也没动心。岳母从外面回来，岳飞一五一十地把情况告诉了母亲，母亲高兴地说："孩子，你做得对，人穷志不穷，咱不能做那些伤天害理的事！"

爱劳动的小岳飞

童年时的岳飞就学会打柴割草，长大一点还下地耕作。最可贵的是岳飞勤奋读书学习，往往读到半夜，反复领悟书中的道理，在他心中种下了忠义报国的种子。他更喜欢读孙吴兵法等军事书籍，为日后的军事指挥打下了坚实基础。

每天早上起来，岳飞都会在附近的小河边挖蚯蚓，他的身后总是跟着一群小鸡，每掏到一条蚯蚓，就会扔向小鸡。每当这时候，老母鸡总会咯咯呼唤小鸡。岳妈妈那时候已经年近半百，但是衣着朴素干净，不失良家风范，她总是在家里手工衲鞋，缝补衣服，把家里头的里里外外收拾得干净整齐。

一转眼半年过去了，当初的小鸡已经成为会下蛋的母鸡了。一天岳母把岳飞叫到跟前，对他说："飞儿，你来一下，娘有话跟你说。"

岳飞飞快的走进屋里："娘，叫唤孩儿不知有什么事情。"

岳母说："飞儿，现在鸡已经不用喂了，以后你就到山上捡柴草吧，做个勤快的孩子。"岳飞说："孩儿遵命，我这就去。"

岳飞背着柳条框，手拿柴扒，上山砍柴去了。路上遇到了王贵、张汤等3个小孩。王贵看见岳飞说道："喂！那不是岳家兄弟么，快来同我们一起玩儿。"

"啊，是王兄弟，我母亲叫我上山砍柴，不能同你们玩儿。"

"我们不管，只要你同我们打一架，你若输了，陪我们玩耍，你若赢了,我们帮你捡柴、听你号令。"

"我不同你们打架,你们不要欺我人少。"

"弟兄们,岳飞怕我们了,快上啊。"

3个小孩子"啊啊"叫着,向岳飞围过来。岳飞赶紧避退,丢掉柴扒、背框。3个小孩子还在叫着往前冲,岳飞站马步不动,王贵上前揪住岳飞的衣服,岳飞闪开,张显伸拳来打,岳飞用手一挡,张显摔倒在地上。

王贵、汤怀二人齐上,岳连挡带推,只几下,3人摔倒,汤怀叫"哎哟,"王贵不服,爬起来又打。

岳飞伸手抓住王贵,又手扶起汤和:"兄弟,得罪了,快快起来吧,没伤着哪里吧。"又帮他拍拍身上灰尘。

王贵见状,笑道:"弟兄们,服了吧。"

张显道:"还是岳哥哥比我们力大,我们可一起跟岳哥哥来学点本领。"

岳飞道:"弟兄们不必谦让,刚才不过是我位置站得好些罢了,真要学,还得找有学识的师傅才行,我懂得什么。"

王贵道:"都别讲了,快,帮岳家兄弟拾柴火去。"

张显、汤怀齐应:"好,反正我们也没什么事。"

岳飞道:"多谢3位兄弟,我自去捡柴,不必你们动手。"

王贵笑道:"说话不算数,算什么男子汉。"说着就同岳飞一起去砍柴了。从此以后,这4个孩子每天在一起识文断字、练习武艺,成了一辈子的好朋友。

爱读书的小岳飞

岳飞从小天资聪慧,最爱读书。转眼间,岳飞到了上学的年龄,但是家中实在没有钱供他读书认字。岳飞非常聪明,一天,他对母亲说:"禀告母亲,孩儿想从明日起,上午学习读书写字,下午去捡柴草,不知母亲意下如何。"

岳母:"当然好,母亲小时也读过一些书,可以教你,只是练字用的纸笔还要想办法。"

岳飞说:"母亲,纸笔倒不用母亲操心,我自有办法。"

然后岳飞端着一簸箕跑出门去，片刻间捧回一簸箕细沙均匀的洒在地上，随后又从捡回的柴草中挑出几根笔一样长的木棍。

得意的对岳母说："母亲，这就是孩儿的纸笔。这不就可以写字了吗。取之不尽呢。"

岳母高兴地说，"好，明日娘就教你念书写字。"

从那天开始，小岳飞就在母亲的教导下开始了读书认字。岳母在读书认字之余，还会给他讲一些历史人物故事。

岳飞家家境贫寒，点不起灯油，每天深夜，岳飞就把枯柴点燃照明，读书识字。以后渐渐能认一些字了，他便更加废寝忘食，发奋攻读，经常读书到深夜，或通宵不眠。岳飞最喜读《孙子》、《吴子》兵法和《左氏春秋传》。《孙子》，亦称《吴孙子兵法》、《孙武兵法》，是中国古代军事名著。书中的一些用兵哲理，深深地吸引着岳飞，使他爱不释卷、反复阅读、仔细推究其中的道理，为他以后的军事指挥，打下了坚实的理论基础。

长大后岳飞的文才自不必说，数十首诗词足以说明问题。除此之外，他爱好读书，书法颇佳，时人称"室有邺架""字尚苏体"（邺架，形容藏书极多；苏体，苏东坡书法甚好，岳飞学的便是苏体）。他还爱与士子文人交往，"往来皆高士"。

敢于吃苦的小岳飞

岳飞小时的师傅是个武林高手叫周侗。岳飞和好几个师兄弟，王贵、张显、汤怀都跟着周侗习武，都是岁数很小时开始的。

说起拜师，还有一段故事呢。同岳飞一起长大的好兄弟王贵家里比较富裕，王贵的父亲打算请周侗做王贵的师傅，周侗百般推脱，没有答应。一日，岳飞打柴回来，王贵、张显二人骑马急奔而来，撞翻一挑担的老人家。岳飞急放下柴篓，急忙前去扶起老人，又帮老太太捡起抛散的水果。王贵、张显亦上前捡拾。这一幕，恰巧被周侗看到。

周侗上前问岳飞道："这位小哥贵姓，家住何家。"

岳飞见问，上前躬身行礼道："小子姓岳名飞，祖居相州汤阴县，只因洪水毁了家园，逃难在此村王员外外屋借住。此二人皆系小兄弟，此位姓王,是王员外之子;此位姓张,是前村张员外之子;后来这位是后村汤员外之子。只怪我这两个兄弟一时鲁莽,多有不当,请前辈教悔。"

周侗点头道:"原来如此,你等年纪也不小了,为何未上学读书呢。"

王贵道:"昨日听父亲说,去请了一位先生,说是尚未答应,我猜多半是怕了我们调皮捣蛋,故不敢来。"

周侗道:"你有何本事,难道先生都怕你么?"

王贵得意道:"前头那个先生想来打我,被我一把推倒在地,半天爬不起来,你说他还敢来吗?"

周侗道:"如此无理,只该先生打你,你倒得意。"

岳飞急道:"前辈休听他胡说八道,自然是小孩子,气走了先生。"转对王贵等三人,"还不谢过前辈,回家去吧。"

第二天,周侗来到王家,对王贵的父亲说道:"就冲寄住你隔壁的那个岳飞,我答应教你家孩子了。只是有话在先,既由我教,就须听我管,父母不得乱加干涉。明日上学吧。"小岳飞就这样成了周侗的学生。

刚开始小岳飞跟他们师兄弟基础是差不多的,但为什么后来岳飞会脱颖而出,而另外的师兄弟相对默默无闻?从一个故事就可看出。

有一年冬天特别冷,北风呼啸、大雪纷飞、天寒地冻,岳飞和他师兄弟当然都贪恋热被窝了,谁肯爬起来?都不愿早晨练武。这时只有岳飞把热被窝掀起来出去练,在雪地里舞剑。

师傅周侗看在眼里当时就有一句话:"此子非池中物,必为国家栋梁也。"

经过艰苦的努力,岳飞终于练就了一手好箭法,并且能够左右开弓,百发百中。有一次,师徒二人切磋射艺时,周侗想试试岳飞的功底,他连发3箭皆中靶心。岳飞也挽弓搭箭,两臂用力一拉,弓如满月,只听嗖!嗖!嗖!3箭都射在周侗的箭尾上。周侗见岳飞技艺高超、身手不凡,赞叹不已,爱慕之心油然而生,把自己多年来最心爱的弓赠送给了他,意在告诫他对技艺要勤学苦练、精益求精。

他认定在他徒弟中岳飞将来成就最大最有出息。当然岳飞后来还是激励了他的师兄弟。这些师兄弟后来也成为了将军,带兵打仗立有战功。在

师傅周侗的指导下,岳飞勤奋读书学习,往往读到半夜,反复领悟书中的道理,在他心中种下了忠义报国的种子。

由于岳飞所处的时代兵荒马乱、兵贼为患,所以,村里的年青人都想抽空学点武艺,以便保卫家园。

勤奋劳苦的生活使他身体壮实、力气过人,以后又经过长期的劳动锻炼,17岁时便能拉开300斤的硬弓,能够引发8石(约合今1000斤)的腰弩。岳飞的外公姚大翁对外孙的膂力也十分赞赏,经他介绍,岳飞认识了本地有名的枪手陈广,向他学习"技击"。经过苦练,他枪法娴熟,成为"一县无敌"。不但如此,岳飞精擅各种兵器,他还学会了一手左右开弓、箭无虚发的本领。岳飞年少时枪术就"一县无敌",还达到了宋朝的最高射箭纪录:三石。可谓"勇冠三军"。

岳飞性格刚直而又宽厚,对老师非常尊敬,师父周侗去世后,他还常带上酒肉去坟前祭奠痛哭,表达深切的怀念。

 岳飞的少年时光

勤俭持家的少年

北宋徽宗重和元年(1118年),岳和夫妻已经是鬓发花白年逾五旬的人了。岳飞也在永和乡这块具有悠久文明的土地上,度过了整个童年时光,由于父母盼孙心切,就给他成了亲,娶了个年龄比他大的刘氏女子作妻子,第二年便生下了长子岳云。添丁进口,使本就困难的生活更加拮据,年轻的岳飞肩上又增添了赡养妻小的重担。

由于家境的贫寒,不论读书、射箭或使枪,都不能作为岳飞可用以谋生糊口的专门行业,而为了谋生和糊口,他还只能依靠从事农业劳动。因而,当他已能胜任农业方面的一些操作技术时,他便到相州安阳县的昼锦堂韩家做了一名庄客。

昼锦堂，是在宋仁宗、英宗、神宗三朝做过好几次宰相和其他高官的韩琦所修建的一所厅堂宅院。古代有句谚语说："富贵不归故乡，如锦衣夜行。"韩琦是在回到自己家乡做官时修建了这所厅堂的，是富贵而归故乡，所以就取名为昼锦。

当岳飞到韩家做庄客时，已经是韩琦的孙子和曾孙们在政治舞台上活动的时候了。例如韩琦的曾孙韩肖胄，就在1118年秋季充当了一员出使辽国的使臣，去祝贺辽国皇帝的寿辰。从这一年起，岳飞到昼锦堂韩家去做庄客了。

岳飞力能使用劲弓、腰弩，长于射远，长于"技击"，这都是别的庄客们所不能相比的。而在那时，大大小小的农民起义的队伍，在河北地区也正普遍出现，世代官宦的大户韩家，随时可能遭受到起义群众的打击，因而，岳飞到韩家之后，除了从事农业劳动以外，还兼管保卫韩家宅院的事。

有一次，有以张超为首的一小支起义部队，约有百人左右，前来包围了韩家，要抢取财物。既然负担了保卫韩家宅院的任务，在岳飞的头脑当中，除要尽好职责外，再没有任何其他想法。岳飞爬上院墙，施展自己的长技，引弓一发，正射中为首的张超，张超当场死亡。受到这一挫折之后，围攻韩家的起义群众随而四向散开。

保卫韩家宅院的这一职责，使得岳飞能够经常和韩家的子弟相接触。而在长年累月的经常接触过程当中，岳飞一方面从他们口中时常听到一些国政和时事的谈话，另一方面也能随时把自己的文化知识加以提高。

因为自幼家境贫寒，岳飞自幼便养成了勤俭持家的好习惯。这习惯，一直伴随了他的一生。即使是成年之后过上了好日子，为了保持农家的本色，岳飞仍然明确规定：全家只穿麻布衣裳，不穿丝锦，并且规定，家里的陈设要朴素，不求精美。有一次，他看到妻子李氏穿缯帛的衣裳，便很不高兴，并且严肃地对她说："汝既与吾同忧乐，则不宜衣此。"李氏听了很惭愧，从此，全家没有一个人再敢穿丝锦。有次受地方官招待，吃到"酸馅"（一种类似包子的面食）这种在官员富商们看来很普通的食物时，惊叹道："竟然还有这么美味的食物。"特意带回去与家人共享。

爱国爱民的岳飞

岳飞生活在阶级矛盾、民族矛盾十分尖锐复杂的时代。少年时期，北方的金人南侵，宋朝当权者腐败无能、节节败退，国家处在生死存亡的关头。自宋徽宗赵佶执政以来，北宋统治集团内部更加昏庸腐败。他任用蔡京、童贯等人主持朝政，残酷地剥削压迫民众，不惜一切手段，大肆搜括民脂民膏，致使朝政日非，兵备废驰，军队疏于训练，将帅多不知兵。因而"兵弊日滋"，以至"河北将兵十无二三"。

一天，岳母把岳飞叫到跟前，说："现在国难当头，你有什么打算？"

"到前线杀敌，精忠报国！"

岳母听了儿子的回答，十分满意，"精忠报国"正是母亲对儿子的希望。她决定把这4个字刺在儿子的背上，让他永远记着这一誓言。岳飞解开上衣，请母亲下针。

岳母问："你怕痛吗？"

岳飞说："小小钢针算不了什么，如果连针都怕，怎么去前线打仗！"

岳母先在岳飞背上写了字，然后用绣花针刺了起来。刺完之后，岳母又涂上醋墨。从此，"精忠报国"4个字就永不褪色地留在了岳飞的后背上。后来，宋高宗亲笔书写"精忠岳飞"4字，绣成一面战旗，命岳飞在用兵行师时作为大纛。

岳飞在以后的军旅生涯中，也一直是以这4个字为自己的座右铭。在抗金的道路上，岳飞立下许多汗马功劳，可是他不慕荣利、不恋爵位，掌握兵权后，曾屡次上书，乞交兵权。每次辞官总是说："将士效力，尽忠朝廷，我有什么功劳啊！"他为国为民，驰骋沙场，英勇杀敌，立下赫赫战功，是一名优秀的抗金名将。

投身军旅保家卫国

在宋朝第二次攻辽战败后，河北真定府路安抚使刘韐，唯恐辽军长驱直追攻取河北，便下令招募义勇，扩充军伍，以备辽军。岳飞于是第一次应募到刘韐麾下充当了一名战士。

在安抚司校场上，刘韐看到岳飞雄赳赳气昂昂的样子，心里十分喜爱，校阅结束后，便与他攀谈起来。岳飞慷慨陈辞，滔滔不绝地叙说了自己的身世和从军报国的决心。刘韐当即任命他为小队长。

由于辽对金的作战节节失利，迫使辽朝把注意力集中在长城以北金军的进攻上，根本没有派军追击长城以南正在败退的宋军。恰在这时相州有一支农民义军，虽然人数不多，但却能攻善守，军力甚强，官军几次攻打都吃了败仗。于是，刘韐便把镇压这支义军的任务交给了岳飞，命他带领200余人前往攻打。

岳飞接受了前几次官军失败的教训，没有凭借武器的优势去实施强攻，而是采取了智取的战术。他先令30余人装扮成商旅，大摇大摆地走向义军驻地。义军首领陶俊、贾进发现了他们，便派人下山连人带物掠上山去，并强令他们加入了自己的队伍。岳飞见义军已经中计，便令百余人埋伏在山下，自己率领数十骑至义军营前挑战，继又佯败后退。待义军追至山下，官军伏兵突起，加上30余名"商旅"作内应，便轻而易举地全部俘获了起义军。事后，州府保荐他为从九品的承信郎。

未几，不幸的事情发生了。岳飞投军后，一家人的生活重担全部落在其父岳和的肩上，由于积劳成疾，无钱医治，其父与世长辞了。岳飞闻讯悲痛欲绝，毅然离开军营，返回汤阴为父奔丧。

恰恰在这时相州汤阴又遭了水灾，使岳飞一贫如洗，赡养老小更加艰难。宋朝募兵制规定：丁壮从伍可携家属。于是，岳飞不得不忍痛安置好老母，携妻带子，再去平定军（今山西平定）从军，充任效用士。不久升为偏校（下级军官），与刘氏、岳云同住军中。

宣和七年（1125年）初，金辽战争已进入尾声，辽天祚帝西逃，于应州（今山西应县）为金军所俘，辽至此灭亡。后几经交涉，宋答应每年向金交纳大批贡物，才得到燕山府几座空城。金视宋软弱可欺，便在这年年底，遣军分两路大举攻宋。西路军由粘罕（即完颜宗翰）统兵6万，自云中（今山西大同）出发攻太原；东路军由斡离不（即完颜宗望）统兵6万攻燕山府，尔后渡过黄河攻取宋东京开封府。

宋徽宗闻讯后，于慌乱之中传位其子赵桓，是为钦宗。钦宗也是一个

治国无能、战守无方、一意求和苟安的皇帝。靖康元年（1126年）正月，金军兵临东京城下。钦宗一面派康王赵构出使金营当人质，同时把太原、河间（今属河北）、中山（今河北正定）3镇割让给金朝，以此乞求退兵。金东路军面对宋右丞李纲积极备战、民众反抗情绪日甚的形势，在得到割地好处后，于这年二月撤围退走。

金西路军主帅粘罕，自宣和七年十二月始，便督军攻太原。由于太原城坚粮足，且有重兵防守，一时难以攻克，遂采取长围久困之策，待守城宋军粮尽力竭，迫其投降。然而，直到靖康元年六月，半年的时间已经过去，守城宋军依然士气高涨，据城顽抗。岳飞所在的平定军位于太原以东，三面环山，地势险要，是河东抗金的冲要。为了给应援太原作准备，一个姓季的团练使，命岳飞率骑百余，前往寿阳、榆次（今均属山西）等地侦察军情，猝与大队金军遭遇，士卒们惊慌失措，岳飞却镇静自若，扬鞭催马单骑突阵，一连杀死几名金军将领。金军不知宋军虚实，便纷纷后退。天黑后，岳飞又装扮成金军模样，潜入金营，查明了金军动向，完成了侦察任务。岳飞因功由偏校升为进义副尉。

同年九月，粘罕终于攻克了太原，并遣军攻取平定军。岳飞参加了平定军保卫战，与守城宋军拼死力战，最后，金军付出了相当的代价，于十月攻占了平定军城。岳飞在随军撤退途中与部队走散，被迫带着刘氏、岳云返回老家汤阴。

抗金之路的开始

用兵有道

岳飞带着妻儿经过长途跋涉，历尽坎坷艰险，终于回到了故里。但是昔日家乡在女真铁骑蹂躏过后已面目全非。国破家亡，乡里被害的凄惨景象，使岳飞义愤满腔，决心凭借自己精湛的武艺和一颗赤诚之心，重返抗金前线，报国之耻，雪民之恨，为重新恢复中原故土奋战终生。

岳母姚氏是个深明民族大义的人，尽管她饱尝了爱子离去后的痛苦，仍全力支持儿子的爱国行动。岳飞牢牢记下老母的嘱托，肩负着乡里的重望，披星戴月，昼夜兼程，只身一人重返抗金战场，开始了长达15年的抗金生涯。

公元1126年，昏庸的宋朝皇帝在金国（我国东北部的女真族）强大军事进攻下，连汴京（开封）也落入敌手，宋徽宗、钦宗和王妃、亲王、大臣几千人被俘，北宋王朝就此灭亡。此时钦宗的弟弟康王赵构逃到河南商丘，后来在临安（今浙江杭州）建都，赵构即位当皇帝——宋高宗，历史上称为南宋。从那时起，黄河南北、两淮之间，就掀起了轰轰烈烈的抗金民族战争。岳飞和抗金名将宗泽、韩世忠等一道，站在抗金斗争的最前线。

这一年岳飞这个身强力壮、熟读兵书、武艺高超的青年，怀着为国杀敌的心愿从了军。但不久即因父亲岳和病故，回到家乡汤阴县。1126年冬，岳飞在相州城第三次投军，归刘浩军中。刘浩命岳飞招安吉倩，岳飞不负众望，招降吉倩及其部属380人。岳飞因此补承信郎一职。

青年岳飞从军后，因熟于韬略，屡立战功。一日，岳飞驻军竹芦渡与敌相持。岳飞选了300精兵，埋伏在一座山下，让他们各捆两束刍草，交叉捆住，入夜点燃四端，高高举起，金人以为宋朝的援军到了，吓得四下逃窜，不战自溃。

金兵南下的时候，岳飞只是一名下级军官。有一次他带领100多名骑兵，在黄河边上练习射箭。忽然发现大股金兵从冻结的冰上飞驰而来，岳飞沉着地指挥大家说："敌人虽然比我们多，但是一点也不知道我军虚实，乘他们喘息未定，我们精击他们。"岳飞带头冲向敌军，金军的一名军官挥舞大刀迎面而来，岳飞挥刀挡住，几个回合，手起刀落杀死敌军军官，兵士们乘胜猛冲，把金军打得大败。这一战岳飞和他的部下杀死不少金兵，夺得不少战马，岳飞也因勇敢立了军功升为八品的武官。

又一次在襄阳与伪将李成作战，李成出城迎战，左临襄江排开阵势。岳飞一见大笑，说："骑兵利平旷，步兵利险阻。李成左列骑兵于江岸，右列步兵于平地，虽有兵10万，有何能为！"立即挥鞭命王贵以长枪步兵攻李成的骑兵，又令牛皋用骑兵攻李成的步卒。阵势拉开，李成的骑兵应枪

倒毙，后面的骑兵拥入江内，步卒也死伤无数。

岳飞有谋略、胆识过人的事迹是很多的。

有一次，岳飞在王彦将领的带领下去攻打金兵。王彦一看金兵很多，就按兵不动，不敢前进。岳飞率领手下的兵士冲入金人大营，夺得大纛旗，用力挥舞，一时士气大振，一举拔了新乡。

次日，又战于侯兆川。岳飞身受创伤十几处，仍然奋不顾身。士兵也个个争先，再次打败了金兵。岳飞在王彦指挥下，夜屯石门山下。有人传说："金兵又打来了。"官兵很惊怕，不敢寝卧，只有岳飞高卧不起。结果金兵并没来，闹了一场虚惊。后来金人攻打常州，岳飞迎战，一连打了4仗，都打胜了。不久又在清水亭打一仗，又大获全胜。金兵死伤惨重，尸横15里。

岳飞幼读兵书，精于韬略，见解比他同辈人高许多。青年岳飞见赵构当了皇上，以为宋朝中兴有了指望，便上书劝说："车驾不要日益南去，要在敌人刚来，窝穴还没建牢固的时候，亲自率兵北上，恢复中原。"这道忠言不但未被采纳，反而说他越级上书，被贬了官职。但是，岳飞并不因此丧失锐气，仍是一心想着收复失地，保卫祖国，并且更加积极地投身到抗金的战斗中去。

公私分明

当岳飞的军事生活稍事稳定之后，他以无限的深情，思念起两河的父老和家中的妻儿老小。不久，他从一个同乡那里获悉刘氏已经改嫁的消息，忿恨不已。此后，他先后10余次派人潜入汤阴，去迎接老母和两个儿子，但都没能如愿。后经派人询问，才从外乡找到了他的老母和岳云、岳雷，把他们接到宜兴军营中来。

这时姚氏已经是年逾六旬的人了，自靖康元年岳飞投军赵构开设的兵马大元帅府之后，母子已阔别1年有余。在这期间，金军的入侵、岳飞的南渡、刘氏的改嫁，使这位老人久经磨难，显得苍老了许多。到宜兴后，加之又不适应南方潮湿的天气，故经常遭受病痛的折磨。

岳飞不但是一位能征惯战、智勇双全的抗金将领，而且也是一位尊养备至的孝子。每逢办完公事，或军中稍有闲暇，必急忙回家，来到老母身旁,或煎汤煮药、服待饮食,或捶腿捏背、抚慰寒暖。

尽管岳飞对老母非常孝道,但是却不许老母、妻子干预军务。

有一次,岳飞要带领部分部队外出作战,临行前,把军营中之事委托给一员亲将负责。未过2天便传来消息,说岳飞中了埋伏,吃了败仗,并陷入重围。消息传至姚氏耳中,姚氏一急之下便忘记了儿子的嘱咐,亲自找到这员亲将,请求他带领部队前去应援,救岳飞脱险。

正当这位亲将调集人马,准备出发之时,岳飞出人意料地从前线凯旋归来,当问明事情的经过后,岳飞对这位亲将严厉呵斥道:"我命你坚守军营,天地不能移,你如今并未得到我的命令,却擅自动摇军情,这是破坏我的军纪!"说罢,就要按军法将他斩首。后经众人说明真相,岳飞仍然坚持说:军营中事,岂能"归而谋诸妇"。指出这位亲将不应按其老母的主意行事,仍然给了他以极为严厉的处分。岳飞公而不私的品德,给全体将士留下了美好的印象。

广交文士谈古论今

岳飞尽管出生在北方的一个农民家庭中。但在他年轻的时候,特别是在身任低级将领之后,却非常喜欢与书生接近。当他在开封留守宗泽、杜充部下作偏裨将佐时,他的周围已经有了一大群读书人。后来他率军南下,这些人也跟随他一同南下,数量也与日俱增。到他驻军宜兴县以至做通泰镇抚使时,便如汪藻奏章中所说,军营中的效用使臣已达数百人了。

在这些效用使臣当中,当然有一部分人是听受使唤,为军营中办理一些杂务的;但对其中具有较高文化水平的一些人,年轻的岳飞却经常请他们讲说一些历史事件、著名的战争、兵法将略,以及议论当前的一些国家大事,等等。岳飞还常常提出自己的意见,和他们"商论古今,互相究诘,切直无所违忤"。

在和这些文士们经常接触和交谈之下,岳飞的文化水平和历史知识都迅速地得到提高。古代一些名将,从很早以来就是岳飞极为景仰崇敬的人,也越来越被岳飞取作自己行师用兵乃至立身处世的榜样。

这也使他每一想到现时的几员大将,特别是刘光世的"玩寇养尊"、张

俊的"任数避事",以及他们共有的嫉功害能等等恶劣作风,更常常引以为戒。他怀着强烈的愿望,想要主动地去建树一些事功。在与部下的文士们交谈时,年轻气盛的岳飞有时便向他们吐露出这种怀抱:我如果也能像现在的几员大将那样,直接听受朝廷的指挥,独自承当一面的事任,我便可以不受牵制,一意去为国立功,像三国时候的关羽、张飞那样。要使后代的书册当中,写上我岳飞的名字,能与关、张相提并论才好。

汝阴的袁溉,是当时一个很负盛名的人。在金人灭掉北宋政权之后,他曾聚集乡民,为保卫家乡而屡次打败来犯的金兵。金人占据了中原地区,他避地于金州、房州的山谷之间。他对于经史百家之书,无所不读,并且旁及于博奕、方术和兵书。他更以精研李靖兵法而著名。

有一次,他顺江东下,路过鄂州,岳飞闻知,就去看他,诚恳地希望他能留在军营之中,既可帮助岳飞增进学识,也等于多添了一名高级军事参谋。然而,袁溉是一个老于世故的人,他觉得岳飞以一个武将而却非常"泥古",是不合时宜的,可能还会因此而招致许多麻烦,便偷偷地离开了鄂州。岳飞没有怪罪于他,还是非常敬佩这位文韬武略俱全的爱国人士。

还有一次,在谈及纷乱的现实世局时,在座的便有人很感慨地说道:"天下纷纷,不知几时才可太平!"

这在岳飞看来,倒是一个比较容易回答的问题。他直截了当地说出他的意见:"只要文官不爱钱、武官不怕死,天下自然就会太平!"

这个答案,成了千百年来传诵极广的名言。岳飞也正是以这般的识见和谈吐,再辅之以极其公正恳挚的态度,才使得广大的文士阶层都乐于和他接触酬酢,把他当作一个蔼然可亲的儒将类的人物看待。

治军有道的民族英雄

建成岳家军

完颜宗弼占领建康府后,亲率主力追赶宋高宗。宋高宗从明州乘船经海上逃到温州避难。完颜宗弼占领明州后，无法活捉逃到海上的宋高宗，劫掠一番决定撤兵。金军利用大运河，将劫掠所获用船运往北方，一路攻破秀州、平江府、常州，准备自镇江府北渡。3月，完颜宗弼被韩世忠所部8000余人在黄天荡拦截，被困40日。因为有汉奸献策，金军掘通河道将船队经秦淮河引入建康城西的长江江面。韩世忠赶去攻击，却被金军的火箭击退。

岳飞在此间带领东京留守司军的残部转战广德军，六战皆捷，俘虏王权等伪军将领40多名。驻军广德军的钟村，军粮用尽，将士忍饥，却不敢扰民。

岳飞屯三墩，不久到达承州，3战3捷，杀高太保，俘女真酋长70余人。但刘光世等皆未跟进，岳飞此时还没有成立自己的"岳家军"，师孤力寡无法救楚州。宋高宗诏岳飞还守通州、泰州，有旨可守就守，如不可守，但以沙洲保护百姓，伺机掩击即可。岳飞以泰州无险可恃，退保柴墟，战于南霸桥，大败进攻的金军。这以后，岳飞才拥有了人马万余，着手建立所谓的"岳家军"。

随后，进驻宜兴，屯于张渚镇。在宜兴，岳飞收降了因政局混乱而在当地为匪的多支部队以及金军强征来的河北伪军。岳飞自己就是河北人，平等对待河北、河东等地的签军。伪军们都传话说："此岳爷爷军。"争来降附。这就是以后赫赫有名的岳家军。

后来，宋廷因原有的正规军"禁兵"已被战乱打散，重新编组新的正规军。将张俊所部组建为"神武右军"，韩世忠所部组建为"神武左军"，两人均为都统制。王所部组建为"神武前军"，陈思恭所部组建为"神武后军"，两人均为统制。

岳家军在张俊所部，军号定名为"神武右副军"，岳飞为统制，屯驻洪州。原神武右副军统制颜孝恭的兵马拨属江南东路安抚大使司，空缺由岳飞填补。10月，宋廷又将岳飞武官虚衔升为亲卫大夫、建州观察使，为从五品的遥郡观察使。12月，"神武副军"都统制辛企宗因镇压福建范汝为之乱不力而被削职，岳飞的"神武右副军"改名为"神武副军"，并升迁为都统制。自此，岳家军建成了。

"冻死不拆屋，饿死不打掳"，是岳家军的口号，也是真实的写照。损坏庄稼，妨碍农作，买卖不公……斩！在古代，令出不行者斩，很多军队做得

到，号称损坏庄稼买卖不公斩的也不少，但真正做得到的，恐怕只有岳家军一支。所以岳家军所到之处，民众无不欢欣围观，"举手加额，感慕至泣"。

除严格的军纪外，又有浓浓的温情：士卒伤病，岳飞亲自抚问；士卒家庭困难，让相关机构多赠银帛；将士牺牲，厚加抚恤外，还"以子妻其女"（部将牺牲后仅余孤女无人照料，岳飞让儿子娶她），李氏亦时常慰问将士遗孀。如此赏罚分明官兵同心的军队，自然是"撼山易，撼岳家军难"。

严于治军

岳家军建成之后，岳飞十分注重军法军纪的制定与执行。岳飞强调兵贵精不贵多。故每次合并别部或整顿军队时，均严格挑选士卒，择精壮者组成新军，老弱和不习战斗者发给路费遣送回家。这样就使得岳家军将良兵精，常能以少胜众。

岳飞平时对部队的训练不但抓得紧，而且特别注重于实战要求。他在"止兵休舍"时，也"辄课其艺"，不忘训习，提出"视无事时如有事时"，令部队按实战要求进行训练。将士练习登城、跳壕等课目，即使在炎热的夏天，也必穿重甲，从难从严，认真刻苦，决不马虎。他还经常向部队进行爱国主义教育，每逢说到国家所面临的灾祸，便慷慨激昂、泪流满面，激发部属的爱国热情，鼓励他们去英勇战斗。

张俊在问及岳飞何为"严"时，他回答说："有功者重赏，无功者峻罚。"岳飞对待数万名将士，就像对待一个人一样，坚持赏不嫌疏、罚不避亲。将士"有尺寸之功，丝毫必录，自己推官而不居"，每拜官必力恳辞。攻莫邪关时，张宪的亲兵郭进有功，岳飞就将自己的金束带奖给他，并提升他为秉义郎。岳云身着重甲，跃马作上下坡训练时，不慎马失前蹄，从马背上摔了下来，岳飞责备他平时训练不严、给予严惩。

岳飞治军虽严，但严而不酷。有一次，他看到部属在鞭打一个士卒，立即加以制止，并且说服他对士卒以口头教育为主，不能轻易鞭打罚人。他的一员属将，因一个士卒擅自离开军营，而将其杀害，岳飞得知后，以为罪未至此，定要其偿命，经众人再三说情，才饶恕了这位将官，并让他立功赎罪。

为了使部属易于理解，便于执行自己的命令，岳飞每次行军作战，都简明扼要地发号施令，明确规定注意事项，并不惜采用铁的手段，维护军队的纪律。绍兴元年，岳飞为讨伐李成，回宜兴张渚镇迁徙军中家属时，有人控告其舅姚某抢掠民众财物，岳飞当着老母的面责备舅说："舅的违纪行为，飞能容，恐军法不能容。"

姚某为此对岳飞怀恨在心，借部队行军之机，向他施放冷箭，岳飞当场将其处死。

岳飞无论行军或驻扎，都用严厉的军法约束着部队，故秋毫无犯。如果偶然有士卒践踏农田，损坏了庄稼，或者发生了买卖不公平事，皆要处死，不予宽贷。如果有士卒私取民众的一缕麻或一束草，一经发现，立即斩首。

一次行军，岳飞发现一所新盖的店房上缺少一片茅草，立即传问店主。店主唯恐生出事端，假意禀明岳家军并无扰民之事。岳飞不信，立即下令追查，终于找到了一个马军．他承认上马时不慎，碰掉一束茅草。经店主再三求情，虽免于处斩，但仍重杖 100 军棍。

由于岳飞对部属要求极严，故岳家军夜半经过民居，不敢惊动主人，露宿于门外，民不知有兵；即使民众开门愿纳，将士也不敢随便进入。开拔前，要把铺草、苇席整理好。有时岳飞还亲自为房主洒扫门庭、洗涤器物，然后告辞而去。一个士卒向湖口县某人买些薪草，卖主自愿少收两文钱，这个士卒坚决不肯，说："我可不能因少付两文钱，而丢掉脑袋"。

岳飞在驻屯江州时，因供应不及，使岳家军一度处于杀马卖妻的困境，也没有发生抢掠事件。民众见宋军其它部队来时，"遁亡灭影"，听到岳家军过，则"相率共观，举手加额，感慕至泣"。

岳飞善于体恤部属，平时自己以身作则，与士卒最下者共食，酒肉全部分配，如果酒少不能分给全体将士，则添上一些水，也要使每人都能喝上一口。行军时，士卒露宿野外，自己也决不一人住进营帐。伤病者亲自为其调药；战死者厚祀而育其孤。凡有赏赐，均交给军中有关机构，分发给将士，自己不藏一文钱。

有一次，一个黄姓幕僚看到一名士卒在寒冷的天气里，只穿一件单衣，问这位士卒岳飞是否克扣军饷？这位士卒回答说："别的军队都克扣军饷，还强迫士卒作丝棉袄,自己虽穿暖了,家眷不免挨冻受饿。岳相公不克扣一文钱,军俸听任士卒支配。我因家中人口多,花销大,不得已而为之,有什么可以抱怨的呢?"

正因为这样,岳家军将和士悦,人怀忠效,英勇善战,所向披靡。岳飞之"治军有方,虽观古以无惭"。

优秀的将领

岳飞的性格,庄重严肃,不轻言笑,也不随口说长道短。遇到僚属们犯了过失时,他只略示微意,加以启发,而不进行苛责。然而受到告诫的人,却无不凛然诚服,注意改正。岳飞处事坚定果断,极少发生犹豫迟疑情况;他谦逊,因而常能接受善言。正是他所具备的这些优点,使他得以避免犯这样那样的一些错误。

岳飞的谦虚诚恳,在部属面前从不矫饰掩过。每出战,总是先召集诸将议事,研究分析可能遇到的情况,预先制定好各种处置方案,谋定而后战。他与幕僚们谈论问题时,时常说道:"某被主上拔擢至此,尚有纤毫非是,被儒生写进史书上,万世皆改不得。"要求他们发现自己的过错一定见告。

攻蔡州时,岳飞和他的部将都去参加战斗,及至事定归来,一名姓贺的部将举发自己妻子与一个和尚私通。岳飞把这一男一女传唤了来,不料供出了军营中许多家属都有类似之事,弄得岳飞没有了主意。

后来,他听了参谋官薛弼的意见,由岳飞之妻李氏出面,先把受牵连的妇女请到家中闲谈,这才发现受牵连的妇女都已过了中年,不是卖弄风情的年岁了。故岳飞一律放过不问,而单单把贺将的老婆和那个和尚治了罪。事后岳飞对薛弼说"若不是听了你的话,不知要冤枉多少人!"

岳飞身居宣抚使的高位,对个人的荣华富贵看得轻如鸿毛,对抗金事业却看得重如泰山。为了表示与金军势不两立、血战到底,他在战袍上刺绣"誓作中兴臣,必殄金贼主"10个大字。有一次,军中急需良弓,岳飞令人将自家"宅库"的东西全部卖掉,将所得之钱交付军匠进行制造,以满足急需。有人不解地问他:"制造军械应当由朝廷破费,岳相公你如何却自己解囊呢?"

岳飞却不以为然地回答说："这要连上几个札子方能求得，既然军中急需使用，还是自己支付为好，这样可以减少许多麻烦，节省许多时间。"

在封建社会里，岳飞能够"赐金己俸，散予莫啬"，而不知有其家，固然与他的忠君思想有关，但更主要的是他怀有以身许国、渴求民族统一的雄心大志，并以此指导自己的言行。他坚信总有一天，岳家军胜利的旗帜，定会在黄龙府（今长春西北，女真发祥地）的上空高高飘扬。

岳飞第二次北伐前，有两件事影响了他的布置。一是目疾。自着手建立岳家军后，岳飞连续6年在夏天剿匪、在冬天抗金和伪齐。尤其是夏天在南方湿热的气候中用兵，是岳飞这个河北人所不适应的。平定杨幺后，岳飞病势加重，"两目赤昏，饮食不进"，"四肢堕废"，以至于不得不上奏恳请解除军务养病。宋高宗当时倾向主战，回绝了岳飞的申请，反而说岳飞"措置上流事务，责任繁重"，"卿当厉忠愤之素心，雪国家之积耻，勉副朕志，助成大勋"。经过治疗，到了秋冬季，岳飞的目疾有所好转。

二是岳母姚氏于绍兴六年三月二十六日去世。岳飞是历史上有名的孝子，和老母在一起时总是全天侍候，亲自调药换衣、无微不至。姚氏死后，岳飞和岳云等人扶着其灵柩，光着脚徒步走到江州的庐山。丧葬完毕，岳飞就留在东林寺中为母守孝。

按古代礼法，岳飞必须"丁忧"3年，如有特殊情况方可"起复"，即居官守丧。岳飞要坚持礼法，但满朝上下均一致反对。岳飞终于下了决心放弃礼法，重返鄂州后带兵镇守襄汉，同时将姚氏"刻木为像，行温清定省之礼如生时"。

但此时在陕西附近的山区作战，后勤供应线过长造成粮草不足。岳飞只得班师，留王贵等戍守。但商州的全境和虢州的部分地区从此为南宋所控制，邵隆在年底赴商州就任知州，"披荆棘，立官府，招徕离散，各得其心"，逐渐将商州建设为要塞和下一次进攻的后勤基地。

九月下旬，岳飞回到鄂州后目疾再次剧烈发作，白天的时候，连卧室的窗户都必须全挡住才行。宋廷闻讯后，特派眼科医官皇甫知常与和尚中印两人急驰鄂州为岳飞治疗，方得好转。岳飞在这次北伐中壮志未酬，于武昌写下《满江红》。

怒发冲冠，
凭栏处，
潇潇雨歇。
抬望眼，
仰天长啸，
壮怀激烈。
三十功名尘与土，
八千里路云和月。
莫等闲、
白了少年头，
空悲切。
靖康耻，
犹未雪；
臣子恨，
何时灭？
驾长车、
踏破贺兰山缺。
壮志饥餐胡虏肉；
笑谈渴饮匈奴血。
待从头、
收拾旧山河，
朝天阙。

岳飞虽然被杀害了，但他的精忠报国的业绩是不可磨灭的。正是他，表达了被压迫民族的要求，坚持崇高的民族气节，在处境危难的条件下，坚持了抗金的正义斗争，并知道爱护人民的抗金力量，联合抗金军民一道，保住了南宋半壁河山，使南中国人民免遭金统治者的蹂躏，从而保住了高度发展的中国封建经济和文化，并使之得以继续向前发展。岳飞不愧是我国历史上一位杰出的民族英雄。

抗倭英雄——戚继光

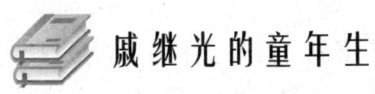 戚继光的童年生活

将门之后

戚继光，字元敬，原号南唐，后来又改号为孟诸。戚继光是将门之后。他的六世祖戚祥曾参加过元朝末年的红巾大起义，是郭子兴领导的起义军中的一名小头目，一直追随郭子兴的部将朱元璋。直到朱元璋建立明朝以后，戚祥仍旧留在部队中，过了近30年的军旅生涯，最后随大将傅有德攻打云南，战死沙场。因为戚祥也算得上是明朝的开国功臣，所以他的儿子戚斌被封为明威将军，世袭登州卫指挥佥事。从此，戚家就在山东定居下来了。

戚斌及其子孙都不太出名，史书几乎没有留下对他们生平的记载，只是戚斌的孙子戚谏据说十分勇猛，曾徒手打死一只老虎。戚谏有两个儿子，一个名叫戚宣，一个名叫戚宁，戚继光的父亲，戚景通就是戚宁的儿子。

戚家的世袭登州卫指挥佥事，按规矩只能由长子继承。所以戚谏死后，长子戚宣继承了官职，戚宣无子，戚宁在戚景通6岁的时候就去世了，所以其精明的母亲阎氏就把戚景通过继给戚宣为子。戚宣去世之后，戚景通就继承了登州卫指挥佥事的官职。传到戚景通这一代，戚家世袭登州卫指挥一事已经历经5代，共计134年了。戚继光就是出生在这样一个家庭中，并且是这个家庭中的第一位男性继承人。

在嘉靖七年（1528年）十月初一，山东济宁一个名叫鲁桥的小镇，戚继光出生了。那天已经是后半夜了，人们早已沉入梦乡，但，有一户人家，一直灯火通明。一位两鬓斑白的老人一直在院子里不安的踱步，这就是戚继光的父亲戚景通。他的夫人王氏今夜临产，不知是否平安顺利，也不知是男是女。

戚景通已经56岁了，可是仍然没有一个儿子。一生坎坷，一生官场不如意，一生怀才不遇，使他此时的心情十分郁闷。他希望有一个儿子，不是为了继承姓氏，而是为了能继承他的事业，去实现他已经不可能实现的理想。

东方已经出现鱼肚白，淡淡的晨雾涌进庭院，使院子中的一切呈现出一种朦胧的美。若是在平日，戚景通十分喜欢在晨雾中漫步，体验着凌晨的清新与静谧，而此时此刻，反而让他感觉更加烦躁。

"不知是男是女啊！"

这句话在戚景通心中不知道默默地念叨了多少遍了。他又一次轻轻地叹了一口气。

"哇……"

屋里终于传出了婴儿的哭叫声。戚景通呆呆的怔在原地。

胖胖的接生婆从屋里走了出来，向戚景通施了一礼，满面笑容的说："恭喜老爷，贺喜老爷！夫人生了个大胖小子！母子平安！"

戚景通兴奋地搓着手，一时不知说什么才好，他甚至激动地都不敢相信这一切都是真的。

"老爷！快进屋去看看吧！"接生婆笑着说。

"嗯嗯！对对！"戚景通这才大步流星地进了屋里。

孩子已经睡着了，方方正正的脸庞，高高的鼻子，长得虎头虎脑，很招人喜爱。戚景通傻傻地看着。

夫人王氏轻轻的说："老爷，给孩子起个名字吧！"戚景通的正妻姓张，王氏是戚景通的妾。她为自己为无子的戚景通生了一个儿子而感到骄傲。

戚景通抬起头，天已经微微转亮，方破晓，太阳初起，阳光射透云层，耀眼的光辉映照着世间万物，房前的红枫和苍松，构成一幅五彩缤纷的图画。看着窗外阴霾尽去、光照万里的一幕说："就叫戚继光吧。但愿他如日之初生，前途远大，能继承祖业并发扬光大！"果然，戚继光不负父望，长大以后，成为一代名将，为捍卫东南沿海各省人民的生命财产和倭寇进行了坚决斗争，成为一位杰出的爱国主义将领和民族英雄。

不追求享乐

戚景通盼了大半辈子，才在56岁上，有了第一个儿子，他兴奋的简直无法用语言表达，他对戚继光十分钟爱。虽然如此，他对戚继光的管教还是十分严厉的，从不宠着、惯着。戚继光从小就是在严格的家教中成长的。

从戚继光刚懂事的时候开始，戚景通就把对他的教育作为自己人生中最重要的任务。

对刚懂事的孩子戚继光，戚景通施以严格的教育。为了使儿子成材，他从小就教儿子读书、识字、习武，还经常教导儿子，长大以后为国家尽力。他言传身教，教育戚继光做人的道理，教育他要为人正直，不可蝇营狗苟；他给戚继光讲自己的家史，希望他可以向祖先一样，成为驰骋沙场的著名将军；他教戚继光读书认字，要他养成良好的学习习惯，告诉他只有勤奋学习，才能成为一个对社会、对国家有贡献的人。

戚继光自小十分聪明，无论是学文，还是习武，进步都很快，这使戚景通感到由衷的欣慰。戚景通最重视的就是对戚继光进行品德操守的教育与培养。在这方面，戚景通表现得十分严厉。

有一次，戚景通发现戚继光脚上穿着一双十分考究的丝鞋，他不禁勃然大怒，命令戚继光马上脱下来，以后永远不许再穿。

戚继光不明白为什么惹父亲生这么大的气，感到十分委屈"哇"的一声，哭了起来。

他的母亲王氏闻声走来，一边给她擦眼泪、哄着他，一边问戚景通发生了什么事情。戚景通余怒未消，气呼呼的说明了原因。

王氏说："这件事不能怪孩子，这双丝鞋是孩子的外公送给他的生日礼物，我也知道老爷一向不喜欢孩子衣着讲究，还是简朴一些的好。但是，他外公送给孩子了，我们总不能说不要吧？就收了下来。可是，如果一直

不穿，我怕老人家多心，好像我们有什么不满似的。今天，他外公说要来家里看看继光，所以，我才特意让他穿上这双鞋，也让他外公看着高兴！"

听夫人这么一解释，戚景通的气才消了一些，他语重心长地对夫人说："孩子小的时候，一定要培养他吃苦耐劳的精神，培养他奋发向上的意志，这样，他将来才能有出息。如果从小就讲究吃吃喝喝、穿穿戴戴，孩子就会变得只图享受、不思进取，最终也只能是一名纨绔子弟。况且，他与别的孩子不同，他长大了，是要继承我的官职呢！我这个世袭的指挥佥事官职虽然不大，可是下面也有7个卫，大大小小的将领就有120多位，统领着3200百多名士兵。如果他习惯于骄奢淫乐，长大之后怎么能勤俭持家呢?！就可能，克扣士兵们的军饷，以供他个人享乐。如果真的发展到了这一步，不仅仅是败坏了我一生的名誉，却叫我，如何对得起我们戚家的列祖列宗啊！"

王氏低下了头，小声说："老爷别再为此事难过了，这件事，只能怪我考虑不周。以后我一定注意，这与继光可是一点关系也没啊。老爷大可放心，继光绝对不会败坏了您与戚家的名声。"

戚景通又说："我的心意，夫人应该是明白的。我一直盼望能有一个儿子，可不是像那些愚人一样，为的什么传宗接代，我是希望有人能够继承我的事业，继承我们戚家的事业。我一生学文习武，可惜的是，怀才不遇，现在老了，眼看着入土大半截的人了，也不可能再有什么作为了。我是希望，把我的儿子培养成为出色的将军，让他去实现，我梦想了一生，却不能实现的事业。玉不琢不成器，不严加管教，孩子很难成才啊！你也应该明白这一句老话：惯子如杀子！"

戚继光躲在母亲身后，听着父母的对话，他似懂非懂。戚景通见他一脸迷茫的样子，就招手说："继光，你过来。"

小继光慢慢走到父亲身边说："孩儿有错，请父亲责打，父亲不要难过了！"

戚景通叹了口气说："孩子，听爹说。古时候有一个商纣王，这你是知道的。"

"知道，他是一个坏皇帝。"

"是的，他是一个坏皇帝，后代的人都骂他，可是你知道吗，最开始的时候，他却是一个相当不错的皇帝呢！有一次上朝，商纣王脚下穿了一双十分

华丽、价值连城的鞋子。他的宰相看到后十分担心，一直说：'事情不妙，事情不妙。现在只是一双鞋子，有了这么华丽的鞋子，一定会花大量的金钱作更加华美的衣服，还会盖更加豪华的宫殿，如此一来，这个国家岂不是太危险了吗？！'后来，商纣王果然越来越堕落，变成了一个人人憎恨的坏皇帝。"

小继光看着父亲，戚景通接着说道："孩子，我们应该记住古人的教训，可不能犯与他们相同的错误啊！善恶也只是在一念之间，一点小小的过错不加以纠正，就会积累成大错误，刘备在临终的时候还告诫他的儿子：'莫以善小而不为，莫以恶小而为之。'也正是这个道理啊！今天爹生气，也不是舍不得一双丝鞋，而是担心你从这里放松对自己的要求，以后一步一步的走下坡路，让世人唾骂。"

戚继光含着眼泪说："父亲，我明白了，我以后一定严格要求自己，不追求享乐！"

"这就对了"戚景通笑着说。

拒绝虚荣

记得有一次，戚景通叫来工匠收拾房子。戚继光在院子里玩耍，听到工人们在谈论雕花门户的事情，他就好奇地凑了过去。

听了一会，戚继光也没有听出个所以然来，他就问其中的一个人："你们在说什么呀？"

这个人记得他是戚景通的儿子，就说："你父亲要安四扇雕花门户。"

"这有什么不对呢？"

"原来公子不知道，按照我们国家的规定，安多少雕花门户，是与门第高低有关的，不可以随便多安。公子家是将门，按品级讲，应该安十二扇雕花门户的。"

"那我们家就不能安四扇吗？"

"不是不能，是不应该。"

"为什么不应该啊？"

"公子，你想啊，别的将门家都是十二扇，就你们家是四扇，让别人一看，谁能知道你们家也是将门呢？这不是与平民百姓没有什么区别了吗？"

"原来是这样。"

工匠愿意活多，多挣几个钱。可是他们都知道戚景通的脾气不好，谁也不敢跟戚景通说，这事就撺掇戚继光说："公子何不劝劝你父亲，你们家也和其他将门人家一样，安十二扇雕花门户吧！"

戚继光也觉得工匠们说得很有道理，就兴冲冲地去找戚景通。可是当他说明来意以后，又受到了戚景通的责备："十二扇与四扇的区别究竟在哪里呢？从实用上说，不是都是一样吗？唯一的不同就是十二扇比四扇排场，你说是不是？就是为了争排场，就多做八扇花雕花门户吗？整这个排场有什么用呢？是能提高你的文采，还是能增加你的武略？我看也只能增加人的虚荣心，使人变得奢侈。人一奢侈就会堕落。虚荣心过强了，就漠视真正的荣誉了。不知道什么是真正的荣誉，而又日渐堕落的人，会有什么好结果吗？"

戚继光似懂非懂地点了点头。

"孩子啊，我们家确实是将门，这一点应该始终记住，可是记住它并不是为了证明我们家可以安几扇雕花门户，而是要一直记住，我们家与其他人家不同，有着保家卫国的光荣任务。为了完成这一光荣任务，我们必须认真学文习武，而不是每天只关心我们家应该安几扇雕花门户。要成为一个好男儿，文能安邦，武能定国，这样才能得到大家的尊敬，而不在于你家有几扇雕花门户。"

戚景通的一番话，说得戚继光非常惭愧，他暗暗下决心，一定要成为父亲所说的"文能安邦，武能定国"的人。

勤奋好学

在戚继光6岁的时候，他有了一个弟弟，戚景通给他取名为戚继美。戚继美后来做到云贵总兵，也成为了明朝中叶有名的将领。后来，戚景通又有了一个女儿。从此以后，戚景通对戚继光的要求更加严格了，他要戚继光严格要求自己，给弟弟妹妹做榜样。

戚继光作为家中的长子，一方面要照顾自己的弟弟妹妹，一方面还要好好完成自己的学业，还要帮助父亲处理家里的事务，他感觉自己一天一天长大了。

和众多读书人一样，戚继光也是苦读私塾，由于他家境一般，且衣着朴素，许多富家子弟都瞧不起他。而在他读到10岁的时候，突然有一天，教书先生走进学堂，没有讲课，却郑重其事地告诉所有同学，戚同学已经是四品将军了。但这对于戚继光来说，却并不是一件好事，因为根据朝廷规定，戚继光这一级别的将军出门必须要坐马车，可是戚继光家条件有限，买不起车。这样一来，10岁的戚继光被迫辍学，呆在家里苦读。

一位老师听说了这件事，便主动表示愿意上门教戚继光读书。戚继光自然十分高兴，却又担心收费问题，但是过了很久，这位老师却从没有提过钱的事情，每天自己坐马车来，教完戚继光后，又自己坐马车回去，连饭都不吃。

戚继光感到非常愧疚，就准备了非常丰盛的饭菜，想请老师吃顿饭。然而他想不到的是，老师看见满桌饭菜，竟然勃然大怒，不但不吃，还大声训斥道："你家境清贫，却如此奢费，难道我到你这里是为了吃饭吗？"戚继光一语不发，立刻撤走了饭菜，老师的面孔才好看了些，他语重心长地对戚继光说道："你虽是世袭将军，却如此勤奋好学，实在难得，我上门教你，只愿你日后坚持不懈、早日成才、报效国家，便已不负我所望了。"面对这位无私的导师，戚继光无言以对，只能眼含泪水，郑重地向老师行礼。

一直到成名之后，戚继光对自己的授业恩师还是念念不忘。曾写文章《祭业师广文梁中谷先生》等文章中，有不少感激怀念的句子，表达着戚继光对恩师的深厚感情。

由于戚家的先祖是王朝的开国武将，家里又世袭武职，所以戚家代代尚武。山东也是武术兴盛的中心地区之一，戚家在这里，世代与当地的武林杰出人物交流切磋，久而久之，也形成了自己独特的拳法与刀法。

除了读书认字之外，戚继光对武术也十分感兴趣。他自幼就随父亲习武，到10来岁时，拳法刀法都小有成就。每天，戚继光天不亮就起床，早早地来到后院，与父亲一起习武。练武休息的时候，他常常缠着父亲给自己讲古代的名将故事。凡是见到戚继光的亲朋四邻，都称戚继光是将门虎子，将来是一代名将。

日子依然继续着，家境依然清贫，老师依然来访，依然分文不收，戚

继光也依然苦读不辍,每天清晨,依然早早起床习武。但改变在不知不觉中发生着,清苦却坚持操守,严谨而不计得失,从父亲和老师那里,戚继光确立了他一生的处事准则——以天下为己任,岂计个人荣辱!

戚继光的少年时光

用兵"天才"

在戚继光很小的时候,戚景通就有意识地给他讲一些排兵布阵的问题,以及一些古代著名的战例。戚继光在与小朋友一起玩耍的时候,常常把学来的东西加以展示。用泥巴砌成城墙,用石块堆成营寨,插上竹棍作军旗,以竹筒排兵列阵,自己当指挥官,安排部队的进攻与防守。

这一天,戚继光与几个小朋友在一起玩耍,他建议大家一起来玩打仗的游戏,小朋友们一致表示同意。可是其中一个年龄比他大的小朋友问:"谁做将官?"

戚继光回答说:"当然是我。"

"为什么是你?"那个小孩子不服气,"论年龄,我比你大;论个头,我比你高。就是比上树、爬墙、下河游泳,我哪一样不比你强?为什么让你当将官来管着我?这个将官应该由我来当,你们大家都听从我的指挥。你要是不服,咱们两个就打一架,看看是谁厉害。"

戚继光摇了摇头,说:"我不和你打架,打架的不是好孩子。"

"那咱们就换个比赛的方法,看看是谁厉害。"那个孩子也顺势改口,因为他听说,戚继光在家一直与父亲习武,真的动手的话,吃亏的也是自己。为了不失威风,他又加了一句:"比什么,你随便挑好了。"

戚继光说:"当将官的,不是光凭着个子大、不吃亏,还要有指挥部队打仗的本事。会指挥部队的人,才能当将官。我们就比一比看谁会指挥,以智取胜。"

"怎么比法？"所有的孩子都被戚继光说的怔住了，他们从未听说过这种比法。

正巧，这个时候戚景通从家里走出来，他发现一群小孩子，围着自己的儿子，戚继光在指手画脚的说着什么，其他孩子都在静静的听着。戚景通觉得好奇，想知道儿子在与小朋友说什么，使得这些孩子听得如此入神，他就悄悄躲在一边观察着。

戚继光对着那个比他大的孩子说："咱们两个都先当将官，这里还有6个人，3个归你指挥，3个归我指挥，让他们一对一的比赛跑步，要是你指挥的3个赢了，你就当将官，如果我指挥的3个赢了，我就当将官。"

"怎么分人？"

"你挑一个，我挑一个，你先挑。"

"好，就这么说定了，不许赖皮。"那个大一点的孩子挑的人，每一个都比戚继光挑的人跑得快，他以为自己稳胜3局了。

很快分完人了，戚继光在地上画了一条线，说："从这里跑到那边的大柳树底下，谁先摸到大柳树，算谁赢。"他对着那个大孩子说："你是将官，你说，你们那伙谁先来？"

"大壮，你先上！"

"小三儿，你来。"戚继光派上去一个最矮的孩子。孩子们都忍不住笑了起来，他们都知道，小三儿是最不能跑的了，谁都可以超过他。果然，大壮已经摸到大柳树了，小三儿连一半的路程都没有跑完。

"你们输定了，"大孩子得意洋洋地说。

"3局2胜，输一局不算什么。再来，你们谁上？"

"二海，你上。"

"狗娃，这次全看你的了！你要是输了，我们的第三局都不用比了。"

狗娃没说什么，他是一个不善言辞的孩子。他往手上吐了口吐沫，弯下腰，等着发令。大孩子的一个"跑"字刚出口，狗娃就玩命的冲出去了。与他比赛的孩子也不甘示弱，随后使劲的追赶着狗娃。

"加油！加油！"孩子们大声的呼喊着。狗娃以一步之险领先赢了二海。

"好！"戚继光兴奋地大喊。

"才各胜一局，我们再来！"大孩子不服地说。

"还有必要再比吗？"戚继光笑道，对着大孩子做鬼脸。大孩子看了看双方剩下的人才发现，他的队伍中剩下的孩子，无论如何也比不过戚继光那边的孩子了。他一拍脑袋说："错了，应该让大壮对付狗娃，这样我就赢了。咱们再来！"

戚继光伸手在自己脸上羞着，说："不害臊，刚才是谁说的，输了不许赖皮的？我可是说了，谁赖皮谁是小狗。"

戚景通看在眼里，喜在心上，想不到儿子小小年纪，就会用孙膑的"驷马法"，战胜对手了。连他这个做父亲的都大感到意外。战国时期的著名军事家孙膑，因在魏国受到迫害而逃到齐国，躲在齐国的丞相田忌家里。田忌经常与齐王赛马，可总也赢不了齐王。有一次，孙膑给他出主意，让他以最次的马对付齐王最好的马，以中等马对付齐王的最次的嘛，以最好的马，对付齐王的中等马。田忌依言而行，结果以二比一取胜。后世人就把这种方法成为"驷马法"。

"也许他以后真的能够成为名将吧！"戚景通心里想。

勤俭正直

戚景通为官清正，从不乱花一分来历不明的钱。所以，戚家虽然是世袭官职的人家，生活却一向清贫。戚继光10岁的时候，他的母亲王氏因病去世了。母亲死后，家中的生活更是困难，作为世袭登州卫指挥佥事的人家竟然有揭不开锅的时候。

戚景通的朋友们不止一次劝他说："你和以前已经不一样了，你以前没有儿子，现在已经有两个儿子了，所以应该置些家产，将来好留给子孙后代。"

戚景通半开玩笑，半认真的说："我留给他们的还少吗？我留给继光刻苦勤奋的品质，我留给他为国利民的精神，我留给他一世清白的名声，我留他一身好武艺，才识学问，难道这些还不够吗？"

戚景通的朋友逗戚继光说："你父亲就留给你这些东西，你满意吗？"

"满意！"戚继光虽然年纪小，但是回答的很干脆。

戚景通叫过戚继光来说："光满意是不够的，我希望你能把父亲留下的这份家业守住,这样,我在九泉之下,也就瞑目了。"

戚继光用用他清脆的声音回答:"请父亲放心,父亲留给孩儿的,孩儿一定守住。"

面对这样一对父子,大家都充满了敬佩。

承袭父职

在戚继光17岁那年,公元1544年(嘉靖二十三年)的夏天,年迈的父亲戚景通得了重病,为了儿子的前程,他命令戚继光立即到北京办理袭职的手续。戚继光临行前,戚景通拉着他的手谆谆告诫,要他"精忠报国,努力做人"。戚继光擦着眼泪说:"我一定会当个好官,为百姓做主,为朝廷办事!"

与父亲道别之后,戚继光就踏上了承袭父职的道路。来到北京的时候,天热得很,各个衙门中的办事人员也都很懒散。两个值班的官员正在聊天,一个气宇轩昂的年轻人走了进来,向其中一位施了个礼,问道:"王大人,小人今日奉命前来,不知大人有何吩咐?"

姓王的官员斜着眼睛扫了他一眼,说:"戚继光,今年多大了?"

"小人现年16岁。"

"怎么这么年轻,就办理袭职啊?"

"因家父年迈多病,所以命小人来京办理手续。"

"那为什么不写明白呢?这还要我告诉你吗?回去重写,10天后再来吧。"

"是。"

戚继光拿起履历走了。

另一位官员笑嘻嘻的问道:"王兄,为何对此人如此不客气?"

"此人真是少不更事,到京城来办手续,却一点礼也不送。历来京城办理这种手续,哪一个不按照惯例送上一份银子呢?我已经驳回他两次了,还用话点他,可是这小子,仍然不明白,真不知道是不是在装糊涂,今天这不是仍然空手来的吗?"

"听说戚继光是戚景通的儿子,戚景通十分能干,就是从不收礼,正直得很啊。我看戚继光刚才那个样子,只怕和他父亲是一样的,你是没有办

法让他拿出银子来的呦。"

"如此说来，我也不与他纠缠了，等他下次来的时候，给他办了就是了。"姓王的官员一脸苦笑。

10天以后，戚继光办理好各种手续，启程回山东了。可是，当他来到家门口的时候，却被眼前的景象惊呆了。

只见家门口挂着两个白色的打灯笼，弟弟妹妹从门口出来迎接，每人都是一身重丧。

"哥！你可算回来了，父亲已经去世了！"

"怎么可能！"

"临终前，父亲每天都在喊你的名字，盼望与你再见一面，可没想到，你去了这么久。可惜，你们最终还是没有见上一面啊！"戚继美一边哭，一边说。

戚继光只觉得天旋地转，他踉踉跄跄地跑进屋中，跪倒在父亲棺木前痛哭起来。没想到，这次办理承袭手续，竟是他与父亲所见的最后一面。做了一世武将的老人，只给子孙留下一所老屋和自用的川扇一把、卧床一张。

戚继光谨记父亲临终时的教诲，勤俭持家，正直为官，努力为祖国奉献出自己的全部力量。

钻研用兵之道

这年冬天，戚继光袭职回来，从此，这个只有17岁的青年，就做了登州卫指挥佥事，开始他的军事生涯。当时山东比较平静，指挥佥事这一职务并不太忙。戚继光常常一个人独自习武。经过这一时期的勤学苦练，武术中相当一部分并不理解的地方，戚继光全部吃透了，也悟出了不少拳理，他对武术有了一个全新的认识，功夫也有相当大的提高。他还通过个人对拳理的研究，发现了武术的速成之法。这为他日后训练士兵的武术打下了坚实的基础。

每天除处理公务、健身习武外，戚继光就闭户读书、博览历代兵家著作，十分向往英雄豪杰们的丰功伟业。从《孙子兵法》《司马法》《吴子》《三韬》《六韬》一直到明朝开国元勋刘伯温所著《百战奇略》，无不静思细读，从古人的战争经验中汲取营养，丰富自己对战争艺术的认识。这不但为日后戚继光独自带兵、指挥作战打下了坚实的基础,也为日后写出军事名著《纪效新书》积累了丰富的知识。戚继光的厉害之处在于军事上,能革除时弊,创新战术,运用新式武器,有军事理论,有鼓舞士气的口才,在不同地方能做出改变,让人觉得不管是把他放到江南水乡,还是放到塞外漠北,他都有能力适应当地作战环境,找到战胜敌人需要的条件和办法。

除了研习武功、苦读兵书之外,戚继光在业余时间里页浏览了一些其他方面的书籍,虽然这些书与军事并无直接关系,可是戚继光还是从中学到了不少知识,受益匪浅,他深深体会到了古人所说的"开卷有益"这4个字的含义。

18岁,是人生中最美好的时光,戚继光把这一段时光都用来研习兵法,不断充实自己。后来的岁月证明,正是在此期间积累起来的知识与能力,成就了戚继光日后的事业。

在外表平静的生活中,包含着戚继光一点也不平静的心。他并不甘心这种宁静的生活,他渴望着能轰轰烈烈地干一番大事业,建功立业、名垂青史。他曾经在一篇文稿中这样写道:"自觉二十岁上下,务必做好官,猛于进取,而他利害劳顿,皆不屑计也。"他在一本兵书的空白处,写了一首《韬钤深处》的诗:

小筑惭高忱,
忱时旧有盟;
呼樽来揖客,
挥麈座谈兵。
云护牙签满,
星含宝剑横;
封侯非我意,
但愿海波平。

这首诗表达了年轻的戚继光远大的抱负,也说明他对倭寇侵扰的担忧。他既然祈望"海波平",就决心要在保卫海疆方面做出自己的贡献。在此后的40年中,他一直虔诚地坚持着这个伟大的信念。

军旅征途的开始

初踏军途

公元 1548 年,刚刚 20 岁的戚继光奉命率领本卫的士兵镇守蓟门。这是戚继光第一次真正地走向了对敌的前线,他的心情是无比激动的。

年青的戚继光安排好家里的大事小情,并给他 14 岁的弟弟戚继美娶了妻,才满怀壮志地走向了中国北部的边境。也是从这一年开始,戚继光终于正式地过上了军旅生活。然而他没有想到的,他竟然像他的六世祖一样,在部队中一待就是 30 年。

塞上的生活虽然是不平静的,可也是充满诗意的。在这里,戚继光第一次见到了辽阔的草原,第一次见到了蒙古人的骑兵,这一切都给他留下了终身难忘的印象。他喜爱那一望无际的大草原,因为草原带给了这位年青的将军无数的幻想。正是这 5 年的边塞生活,使戚继光对北边的边境情况了如指掌。他是一个有心人,每到一处,都记下当地的山川地形、风土人情。闲下来的时候,他还常常听熟悉边塞情况的人们讲这里的传闻、民俗、掌故、战事。因此,他积累起了相当多的关于北边的情况,这对日后战胜倭寇起了相当大的作用。

在这 5 年的军事生活中,戚继光虽然没有亲身经历过大规模的战役,可是在独立带兵的过程中,也是他积累起不少军事生活的宝贵经验,这为他日后组建、训练戚家军打下了坚实的基础。

在此期间,戚继光还参加了武举考试,以优异的成绩通过了山东省的乡试,成为一名举人。当戚继光以举人身份到北京参加会试的时候,蒙古骑兵攻入了古北口,大掠密云、通州、顺义等地,北京城戒严。

明政府调集了大同等地的士兵 10 万多保卫京城,在京应试的武举人也参加了保卫京城的战斗,戚继光被任命为总旗牌,督防九门。这一次亲身经历使得戚继光深深的认识到了，实战的重要性。他觉得要想彻底平定外患，就一定要进行一次彻底的军事改革。

蒙古骑兵终于回到蒙古草原去了，戚继光也回到了老家山东。可是京城吃紧的悲惨景象深深印在了他的脑海中，挥之不去。戚继光暗暗立志，一定要发愤图强，成为一名出色的将军，为国家消除祸患。他的这种思想在一首诗中表现得十分明显。这一点，有他所作的《马上作》一诗可以说明。诗是这样写的：

南北驱驰报主情，

江花边月笑平生；

一年三百六十日，

多是横戈马上行。

这次亲身经历的保家卫国的战争，为以后戚继光带兵攻打倭寇提供了实战经验。

抗倭之始

倭害起自元末明初，到嘉靖年间最为猖獗。14世纪末叶，日本北朝的足利氏征服了南朝，结束了长期分裂的局面。南朝失败后一批武士流亡海岛，他们勾结一批海人和破产农民，来到中国沿海，名义上是做生意，实则走私、骚掠，无所不为。

明朝世宗当皇帝的时候，有一批日本的强盗侵扰中国东南沿海，主要是抢夺金银财物和人口。倭冠的手段极其残忍野蛮，加上有汉奸勾结，所以每到一处常常挨家挨户抢劫，富豪也难幸免。有时以人为质，勒令用金银赎取；还掳掠人口，抓到男人就强迫服苦役，抓到妇女，百般侮辱，运回日本贩卖为奴。他们还疯狂残杀百姓，攻进苏州放火，大火整整烧了一天，带不走的人口，竟被投入火中烧死。

倭寇的烧杀抢掠，给东南沿海人民带来深重灾难。他们的野蛮行径极大地破坏了东南沿海地区生产力的发展。民众纷纷外逃，良田杂草丛生，村镇变成一片荒野，连地方官员也受威胁。这样一来影响了明朝朝廷的财政收入，使得躲在宫中享乐的明世宗也发起愁了。

明代进入中期以后,倭寇入侵的情况越来越加严重。每年的清明节后的三、四、五月间和重阳节后的九、十月间,大批倭寇利用东北风从日本乘船赶来,主要在我国的浙江、江苏一带沿海登陆,有时也入侵山东等地沿海,少则几十人一股,多则成百人一股,利用内地奸民引路,四出抢掠,烧杀奸淫,无恶不作。当时,倭寇的抢掠不仅给这些地区的人民带来了苦难,也使明朝统治者十分不安,害怕人民起来反抗他们的暴政压迫。因此,打败倭寇的入侵,已成为当务之急。

明朝政府罢了市舶司,断绝与日本的贸易。本来应罢的应是市舶司受贿的内臣,而不是市舶司。通商的禁止,便招致日本商人大量走私,内地的奸商、流氓、海盗和倭寇互相勾结,给他们提供种种方便。于是倭寇便可随意登陆,进行抢劫、掠夺、滥杀中国居民。正在倭患严重的时刻,公元1553年,朝廷派了熟悉海防的老将俞大猷(yóu)去浙江一带打击倭寇。为时不久,俞大猷因其他政治案件被牵连坐了牢,沿海倭寇更加猖狂。

明朝的海防是空前空虚的。处于海防前线的辽宁、山东、浙江、广东等省,几千里的海防,几乎既没有什么值得一提的防卫力量。防卫力量的空虚,不仅制止不了走私与掠夺,甚至在一定程度上是对走私与掠夺的一种鼓励。

戚继光就是在这样一种情况下,被调到了山东的抗倭前线。虽然当时受倭寇掠夺的主要是江浙一带,可是也曾经有一支倭寇在山东的靖海卫上岸。这件事就足以证明,山东的海防一点也不能轻视。戚继光的青年时期正是在这种环境下度过的。倭寇的不断侵入,更加激起了他的爱国心理,"把倭寇赶出祖国"的强烈愿望,一直拍打着年青将军的心。这时的戚继光已经成熟不少,在他身上可以发现年轻人的朝气与奋发向上的热情。他将以一名优秀的年轻将军的身份在抗倭的舞台上大放异彩。

加强海防

按规定戚继光手下总共应有士兵3万余名,可实际上远远达不到这个数字。士兵中有相当一部分是体弱多病的,或是上了年纪的,根本就不能参战。就是能够参战的,也因为平素缺乏训练,战斗力十分有限。其中更有一部分是靠当兵为生的兵油子,平日里鱼肉百姓、横行霸道,一到两军阵前，未曾交手就逃得无影无踪了，不但没有任何战斗力，还往往扰乱军心。城墙也因年久失修，多数已经残破不堪，几乎成了历史的陈迹，根本起不到任何防御作用。

20出头的戚继光经历着严峻的考验。

部队的情况很不尽人意，而倭寇随时都有进入山东的可能。戚继光负责防御的地区又十分辽阔，如何才能够加强部队的素质，确保能击退进入这一地区的倭寇呢？这成为戚继光面临的一道难题。

戚继光毕竟是将门之后，他认为，作为一名将官，不能把一切希望寄托在倭寇不来侵犯的山东边防上，而是应该做好对付倭寇入侵的所有准备工作，让倭寇不来则已，来就打他个有来无回。这样，才算尽到了一名抗倭将官应尽的职责。

戚继光没有像其他各地的抗倭将军们那样，太平无事时，只顾沉溺于纸醉金迷的生活，克扣士兵们的军饷以满足个人私欲；倭寇入侵时仓促迎战，进行孤注一掷的对攻战。他把所有精力都投入到对所带部队的改革中，尽一切可能加强这一地区的防御力量，希望能把他的防御地区变成倭寇无孔可入的最强地区。

戚继光有防戍蓟州和登州的经验，到任以后，先摸清倭寇的活动规律，当时海船行驶要依仗风力，船只在什么地方靠岸与风向有很大关系。一般倭寇最猖狂的时候是在三、四、五月或九、十月间。摸清了这些规律，戚继光便按时按地段设防。与此同时，他开始着手整顿各个卫所，按原来的要求征够一定数额的士兵，凡是防御设备不完备的地方马上着手修复。全军将士对戚继光又是钦佩，又是畏惧，山东海防也较过去巩固了。

 **奋起平倭保家卫国**

树立军中威信

随着海防的巩固，戚继光认识到，要想彻底把倭寇打回老家去，一支训练有素的军队是必不可少的。因此，戚继光开始整顿军纪，他知道，只有加强军纪，他的部队才能听从指挥，也才能有一定的战斗力。他要求各地方部队严格训练，士兵必须严守军纪。

对于这些新政策，部队中的将官到士兵都交头接耳，议论纷纷，说什么的都有。

有的人说："新官上任三把火，用不了几天，当官的自己就烦了，两个眼睛一闭，一切照旧。"

有的人说："也不能一概而论，这个年轻的上司，我看还是很有作为的，虽然岁数不大，带起兵来倒是头头是道。说不定真的可以改变部队过去的种种恶习。现在这个样子，哪里还像个军营啊！"

也有的人说："他一个世袭的军官，能明白什么叫做带兵打仗就已经很不错了，就凭他一个乳臭未干的小孩子，能懂什么？老子当兵这么多年了，还不知道什么叫遵守军纪吗？要是一切都按军法处置，那还能有现在的部队吗？"

虽然大家表面上对戚继光很尊重，实际上，没有几个人真正把这位年青的将军当回事。对于这一切，戚继光也不是不知道，可是他一时也实在没有什么办法。他也注意到了，不论他下什么样的命令，将官们都是答应得响亮，执行起来就变样。

无论他怎么强调纪律，士兵们都是听起来认真，执行起来粗心。如果真的按军法处置，违法的人太多，以事业处分不过来。法不责众的道理，戚继光是明白的。可是，怎样才能树立自己在军队中的威信呢？

就在这时候，上天给了戚继光一次机会。有一名将官，论亲属关系，他是戚继光的长辈，戚继光要叫他舅父。可就是这位舅父仗着这层亲属关系，第一个公开地不听从戚继光的命令。

怎么办？

依军法处置吧，毕竟是自己的长辈！在那个年代，长辈即使有了错误也轮不到晚辈处分他呀。如果自己处分了他，会不会有人说自己刚当了几天官就六亲不认呢？戚继光心中很是犹豫。

如果不处分的话，以后怎么还去管别人呢？将官们、士兵们一定会说自己偏心，自己的舅父就可以胡作非为，别人有了错误就一定要军法处置。

如果真的落了这个名声，日后还如何在部队中树立自己的威信呢？作为统领官，如果不以军法为重，却以私情为重，怎么能做到令行禁止呢？如此下去，怎能统领这支部队呢？

想来想去，戚继光还是狠下心来，决定依法给自己的舅父从重处分。

当戚继光的亲兵奉命把他的舅父拖出大帐行刑的时候，他的舅父还在倚老卖老地大喊着："你小子大了，长本事了，会拿自己的舅舅开刀了！"

戚继光充耳不闻，面无表情地坐在厅堂。不少将官纷纷上来向戚继光求情，请求他从轻发落。

戚继光铁青着脸说："军法无情，无论是谁，一视同仁。不能因为他是我的舅父，就饶了他，而置军法于不顾！"

帐外传来他舅舅的喊声："你小子真够狠的！翻脸不认人！你六亲不认啊！"

戚继光面沉似水，冷冷地对着帐内的将官们说："不是我不念亲情，军法十步认人的。今天幸好他犯的不是死罪，否则即使是我舅舅，也会砍下他的项上人头！"

帐中众将士，你看看我，我看看你，都不觉心惊肉跳，一声大气也不敢出了。

当天夜里，戚继光身着便服亲自去看望自己的舅父。

他的舅舅一见面就狠狠地说："你小子还来干什么?! 想整死我吗?!"

戚继光说："舅舅这么说就冤枉外甥了。"

"我还冤枉你了，你在大庭广众之下，对自己的长辈一点面子也不留，我说你几句，倒还是冤枉你了！"

"舅舅，今天的事，我没有给舅舅留面子，实有不妥。你是我的长辈，哪有晚辈体罚长辈的道理。但是，现在是在军营之中，我是你的上级，作为部将你应该听从我的指挥，这与在家的时候是不同的。别说是舅舅，就是现在我的父亲还在的话，他也不能到我的营中却不服从我的命令！"

戚继光的一席话，说得他舅舅自觉理亏，哑口无言。戚继光接着说："舅舅，咱们是至亲骨肉，这里没有外人，说句心里话，你想不想你的外甥在这里干出点成绩来你这个当舅舅的也跟着光彩啊！"

"那是自然，我当然盼着你有出息，能够建功立业！"

"现在倭寇随时都有可能入侵，而我们各卫所军纪不整，毫无战斗力，这些舅舅应该比我更清楚，如果再不整顿，后果不堪设想！你是我的舅舅，应该帮我做好这份工作！"

戚继光的舅舅听到这里大声说道："我知道错了，我可以向你保证，以后绝不会再做出违反军法之事。"

不久，这件事情就传开了。大家都对这位年轻的将军另眼相看，再也没有人怀疑他的领导能力，戚继光所带领的军队军纪一下子提高了很多，战斗力也有了明显的提高。戚继光在军队中的威信，初步确立起来了。

建立戚家军

戚继光的这次治军之举取得了很好的效果。可是他并不以此为满足。山东毕竟不是抗倭战斗最激烈的地方，他的心时时刻刻牵挂着战事频繁的江浙一带，他日夜提醒自己，以国家急难为己任，时刻准备着杀到抗倭第一线去，报效祖国。他在一首《过文登营》的诗中就表达了这样的感情：

冉冉双幡度海涯，
晓烟低护野人家。
谁将春色来残堞，
独有天风送短笳。
水落尚存秦代石，
潮来不见汉时槎。
遥知百国微茫外，
未敢忘危负岁华。

不久，戚继光终于迎来了他期待已久的这一时刻，朝廷终于将他调到江浙一带的抗倭前线，戚继光怀着无比激动的心情踏上了新的征程。

戚继光到浙江后，曾向胡宗宪提出练兵的建议。他所陈述的理由是中肯的。他说"守不忘战，将之任也；训练有备，兵之事也。"戚继光认为即使乡团作战也比官军勇猛，他提出要到义乌招募农民和矿夫为新兵，加以训练，让他们把自相火并的力量用到消灭倭寇的斗争中去。正在这时，义乌县令赵大河也上书要求戚继光亲自到义乌招集争斗双方的农民和矿夫参军,以抗击倭寇。这个建议正好和戚继光的想法一样。于是,戚继光决心亲自到义乌招募新兵。

消息一传开,议论纷纷,不少人认为乡团和矿夫都是"罪人",招募"罪人"参军无异于"病狂丧心"。但是,当时抗倭名将台州知府谭纶却支持戚继光的设想。后来戚继光在一首《蓟门述》的诗里透露了这件事:

"檄募婺越士,
知交苦相留。
当日主此盟,
惟有谭郡侯。"

募兵也不顺利,他贴了一份布告,题为《谕以君父水土之恩》,号召农民、矿夫丢掉前隙,共同起来保卫家乡,抗御倭寇。布告贴出之后,并没有人来应募。后来了解,双方的头目和农民、矿夫都在观望。戚继光一面向他们说明在这里募兵的原委,一面晓以爱国的民族大义。

其实,不论是乡团首领陈大成还是矿夫首领王如龙都不存心和戚继光为难,他们历来对这位抗倭将领,抱有敬佩之心。所以,听戚继光陈明募兵原委以后,陈大成和王如龙都各自率领乡亲和矿夫前去应募,两支相为仇敌的队伍都成为戚家军的骨干,为抗倭事业作了杰出的贡献。

戚继光从应募的人员中挑选了4000多名,带回绍兴,经过2个月的严格训练,建立了一支军纪、法度比较熟练的部队。建军以卫民为目的,戚继光首先教育新战士,建立这支队伍是为了保卫家乡的安全。

戚继光的练兵思想,是纪律和武艺、教育并重。纪律训练的目的,在于克服农民、矿夫原来的自由散漫思想,用严明的纪律把他们组织起来,使他们能服从命令、听从指挥、不损害百姓的利益;而武艺的训练,即让士兵掌握杀敌的本领。

他曾经启发部下,武艺训练并不是"应官差的公事",而是立功、杀贼、救命的"本身上的贴骨的勾当"。因为,你有高强的武艺,就能杀了贼,贼如何又会杀你呢?但是,如果你武艺不高,不如敌人,那么,贼"决杀了你"。这种浅显的说教,是很有说服力的。

戚继光训练士兵的另一个思想,是军官以身作则。他认为军官凡事要

身先士卒，但这不仅是指临阵作战时要身先士卒，即平时训练时也要身先士卒。只有军官带头，士兵才能奋勇作战。

经过上面的训练和改革，戚家军不但纪律好、责质高，而且熟悉作战阵法，是一支战斗力很强的部队。

保家卫国的"戚老虎"

戚继光和戚家军所建立的赫赫战功，在中华民族反抗外来侵略的史册上，留下了灿烂夺目的一页。这与他在青少年时代善于思考的好习惯是分不开的。

在与倭寇长期的战争中，戚继光显示了卓越的军事指挥才能，他号令严明，赏罚从不含糊，部下对他都十分敬畏。他用兵如"飚发电举，屡摧大寇"，成为当时最著名的抗倭将领。戚继光和戚家军的业绩也世代被人民所传颂。尤其是戚继光在解围桃渚，歼敌新河、太平一带的倭寇后，温、台之倭很快被荡平，从此戚继光名扬远近。倭寇闻其名即丧胆，称戚继光为"戚老虎"。

戚继光光荣的战斗的一生，显示出他非凡的军事才能。他打了许多大胜仗，对国家、人民都做出了重大的贡献。他在紧张的战斗生活中，还写出了两部重要的军事著作。一部是他在浙江任上写的《纪效新书》。这部书是他在浙江沿海抗击倭寇的经验的总结，也是他训练和教育戚家军的教材。书中关于军事理论和作战方法的论述，在很多方面冲破了旧的藩篱，具有高度的创造性。一部是《练兵实纪》。这是戚继光从练兵和御倭战斗实践中总结出的系统的理论和办法，无论在士兵的训练和教育方面，还是培养将官方面，或者是在各兵种的组织和指挥方面，都有很多独特而高明的见解。

浙江百姓为感谢戚继光扫平倭寇的伟绩，为他建立了生祠，刻碑勒石铭记功劳。蓟门百姓在景山建立戚继光生祠，刻石立像，为他祝福。直到数百年后的今天，人们把中间有孔可以穿线的饼子，称为"光饼"。据说当年戚家军行军打仗时，经常连续奔走追歼倭寇，往往连饭也吃不上。戚继光创造了一种园形烧饼，烧熟后烘干，用绳子串成一串，背在身上，行军时可随时吃用。戚家军吃苦耐劳的精神也永远为人民群众所纪念。

福建东部民间盛行一种叫做"曳石"的民间娱乐。据传说一次倭寇乘中秋月夜袭击霞浦城,而戚家军又出外打仗,城中空虚。但戚继光料到敌人会来偷袭,授计全城居民,用绳子曳着石头满城拖响,倭寇远远听见城中轰轰作响,仿佛军队兵马在调动,不敢轻易进攻而退却了。从此,每年8月15中秋节,当地百姓就举行"曳石"游戏,越传越广,至今还列为民间体育运动项目之一。人民群众对于曾经为自己祖国作出杰出贡献的英雄人物,是会永远铭记并世代歌颂的。

为战而生——巴顿

牧场里的快乐生活

孩子王

1885年,巴顿出生于加利福尼亚州南部的圣加夫列尔。他的父亲是个律师,一度在洛杉矶一个区任律师,还是个经营葡萄和酿酒厂的生意人。他同时还是个政治家,曾于1916年竞选参议员,但未成功。小巴顿出世不久就患了一场大病。当时保姆玛丽·斯卡利还担心这个小东西活不了几个月呢,他不仅活了下来,而且还逐渐长成一个健康强壮、充满活力的孩子。2年后,巴顿家又添了一个女孩,取名安妮,但家里人都叫她尼塔。小巴顿和妹妹尼塔在外公的牧场里度过了丰富多彩的童年生活。

他们的外公本杰明·戴维斯·威尔逊,是一个白手起家的拓荒者,他当过猎手、商人、小店主,经过多年的艰苦创业,已成为洛杉矶屈指可数的富翁,并曾当选为洛杉矶第一任市长。

每天清晨,小巴顿都会穿上外公为他准备好的小马靴,和妹妹一起来到院子里。两匹鞍鞯齐全的小红马已经拴在了树桩上。在外公的指点下,小巴顿和尼塔仔细地整理好马的鞍具。然后迫不及待地踩住马镫,翻身跃上马背,右手轻挥马鞭,小马迈开碎步跟在外公马的后面,向远处的牧场驰去。

袅袅地，草丛间弥漫起雾漾漾的蒸气，混杂着泥土和花草的芳香，沁人心脾。小巴顿坐在马上大口吸着早晨清新的空气。置身于外公的大牧场上，他觉得自己此时仿佛就是一名统帅，全身戎装，如爸爸提起的祖父那样，手挥战刀，率领妹妹在充满硝烟的战场上左冲右突，前后驰骋。

外公未让他们兄妹靠近牧群，而是让他们与其他牧场上的孩子们一起在附近的草场上玩耍，爱玩的天性使他们很快与这些新结识的小伙伴们打成一片了。广阔的草场也为这群精力充沛的小家伙们提供了充分释放精力的空间。每天太阳已近落山之时，他们才拖着疲惫的身子，歪歪斜斜地骑上各自的小马回家。当然在此之前，进行一番战斗总结对巴顿来说是不可缺少的。这时，他总要郑重地整理一下在战斗中被撕扯得不成样子的衣衫，站在队前讲话。尽管声音有时会含混不清，但小伙伴们也不得不表现出专心致志的样子，耐心听他讲完。否则，明天他们可能就要为此付出代价：不能参加新的战斗。

雪花纷纷扬扬地飘洒着，静静地落在巴顿金黄色的头发上，落在他的身上。他在默默思索着一个充满刺激、富有创意的计划，至少他认为是如此。他需要在这次计划中再一次向伙伴们证明自己的能力，确认自己独一无二的领导地位。

巴顿让尼塔去叫那些小伙伴们准备好马，然后到这里集合，尼塔答应着去准备了。望着尼塔的背影，他很满意。尼塔既是他的传令兵，也是他最亲密的随从。她总是在伙伴中坚决维护自己的绝对权威，当然他也一直对尼塔给以特殊关照。每次列队时，巴顿总让尼塔站在队列的第一排。但"战场"上又另当别论，冲锋陷阵自有他人，她嘛，只能在后面收集战利品喽！

很快，部下们都全副武装，牵着各自的坐骑列队站在巴顿的面前：一个个腆胸叠肚，俨然是与小巴顿一个模子出来的。强将手下无弱兵，对如此高昂的斗志巴顿感到很满意。他清了清嗓子，把以前从外公那儿零星听来的猎捕兔子的注意事项又照猫画虎地向他的部下们讲述了一遍，然后跑到外公卧室中偷出一把小号的猎枪，又牵出几条牧羊犬交给小伙伴们。一声令下，大队人马浩浩荡荡出发了。

草场上覆盖着一层厚厚的白雪，天地间万籁俱寂，鸟儿也隐去了踪迹。雪仍在下着，天灰蒙蒙的。巴顿一行人在雪中艰难行进着。马儿的步子越来越沉重，只是在马鞭的恐吓下才扬蹄踏开积雪前行，队伍愈向前行，积雪愈深。巴顿感到更加胸有成竹了，因为外公曾对他讲过积雪愈深，兔子行动愈不便。他让队伍一字散开，他在前面一马当先。突然几只牧羊狗率先发现了目标，狂吠不止，箭一般向前方冲去。与此同时，在远处的雪原上跃起几只野兔四散奔逃。巴顿一抖缰绳跃马向前追去，距离愈来愈近。巴顿伏在马上已能看到前方野兔黄白相间的大尾巴在惊惧中随着身形的起落一抖一抖地，厚厚的积雪阻滞了野兔逃窜速度和跃起的高度，腾起、落下、再腾起，野兔身形愈加沉重，已成强弩之末。巴顿热血上涌，努力控制自己激动的情绪，他在等待出枪的时机……。猛地，在仓促中马的一只前蹄踏空，伴着长长的一声哀鸣，它一头栽倒在雪中。巴顿如纸片一样轻盈地飞了出去……

当巴顿自昏睡中醒来已是第二天上午了。他微睁开眼睛，发现胳膊上缠满绷带，有一种麻麻的感觉。坐在床前的外公长吁一口气，放下手中的烟斗，"亲爱的，淘气的滋味如何？""对不起，外公，本来想用那只野兔作为礼物送给您的，可惜到手的兔子飞了。"小巴顿调皮地向外公做了个鬼脸，争辩道。"可是我暂时不会让你出去。你的爸爸快来了，我可不愿意让你在他来之前再受一次伤。"2个月后，巴顿痊愈了。这得多亏他那健壮的身体。但外公仍不放心，坚持他得呆在床上。巴顿不得不为自己的淘气付出代价了。巴顿很尊敬他的外公，外公告诉他要在屋中休养一个冬天，他就只能在屋内一天天地捱过这个冬季，尽管他也想到外面去活动一下。

巴顿与"幸运"

经过一冬的保养，小巴顿胖了许多，个子又长高了一头，浓密的眉毛，一双湛蓝、深邃的眼睛，高耸的鼻梁下面已依稀可见一层薄薄的茸毛，圆润的双唇紧紧抿在一起。一冬的休养使他多了几分稳重，少了几分毛躁。昔日顽童如今已俨然变成一个小大人了。

夏季的一天正午，烈日当空，酷热逼人，巴顿正在树阴下小憩，突然感到不远的灌木丛中有一团黄绒绒的毛球在挪动，仔细一看，一双金黄色的眼睛正犹豫地看着他。巴顿打了个手势让它过来。一会儿，它从灌木丛中钻出来。巴顿轻抚着它，猜测这只小狗八成是它的母亲不小心落下的，便把它放到前鞍，一起驰回了牧场。

外公对巴顿收养这只小狗很担心，他告诫巴顿："孩子，这是只野狗，总有一天它会离开的。"巴顿十分犹豫，但看到小狗可怜兮兮的样子还是决定留下来，并为它取名"幸运"。

幸运就这样进入了巴顿的生活。每天清晨，他跨上马去牧场，幸运会在一旁奔跑。它时常高高地跃起，把快乐播撒到整个草原。虽说它本属凶残的家族，却具有牧羊狗的素质。当驱赶迷途的牛羊回到群体中时，幼小的幸运会跑上去，用爪子轻轻推它们的身体，劝它们顺从巴顿的意愿。如果它累了，他便把它放在前鞍上。马儿似乎也很欢迎背上的新客人。闲暇之时，巴顿用小梳子轻轻地梳理幸运的毛发，把一只只小虫捉出捏死。幸运以温情回报，与巴顿形影不离、朝夕相伴，无论它跑得多远，只要听到巴顿的口哨声，马上就会回到他身旁；若巴顿生了它的气，它会可怜地趴在一边，满脸委屈地瞧着他。

10个月过去了，当初一团绒球似的幸运长成了一只健壮的母狗。它肌肉发达、四肢修长，皮毛光滑，金色的眼睛灼灼发亮，跑起来如一道黄色的闪电。他们之间的感情日益加深，幸运成了巴顿心中最深的眷念。

可是终于有一天，幸运耐不住草原深处同伴的呼唤离巴顿而去了。从此，巴顿白天看不到它矫健的身影和金色的眼睛，夜晚体会不到它的温暖，日子显得那么漫长和孤独。不久以后，草原上下了一场罕见的暴雨，一群奶牛走失了。巴顿和伙伴们也自告奋勇去寻找。当他们好不容易才把牛聚拢来，正要往回赶，突然感到不远处有一片黄色风暴席卷而来——一群野狗忽然扑来，瞬间将他们团团围住。它们眼露凶光、腹部凹陷，显然饥不可耐。牛群惶恐不安，巴顿他们也不知所措。

突然，巴顿看到了幸运，它瘦了、高了，正和同伴们一起嗥嗥大叫！巴顿不禁狂喜，马上使劲吹起它熟悉的口哨，呼唤它来与他团聚。幸运跑了过来，巴顿高兴地从马背上跃下，揽它入怀。它则高高地地跃起，用舌

65

头轻轻舔他的脸,尽情表现久别重逢的喜悦。泪水溢出巴顿的眼眶,他在心里一遍遍叨念着:"幸运,我不会再让你离开了,我要与你在一起。"

正在此时,隆隆的马蹄声传来,原来是外公见巴顿等人久久不归,成群结队出来找他们了。野狗被不速之客吓住了,迅速集成一团,向来时的方向奔去。突然,幸运从巴顿的怀中挣脱出去,去追赶它的同伴。巴顿几乎疯狂地吹响口哨,盼它能回心转意。但幸运没有回头,修长的身躯如电光远去。很快,它赶上了领头的狗,肩并肩跑向茫茫草场深处。

外公走过来,安慰巴顿:"走了,我说过该去的终归会去的。"巴顿虽然难过,但也深深地祝福它,毕竟它找到了属于自己的天地。

要上学了

时光如白驹过隙,巴顿到了上学的年龄,他和尼塔得回洛杉矶的家了。当外公告知他们这个消息时,他们伤心地哭了。这块牧场给了他们太多的回忆,他们实在舍不得离开这里,离开慈爱的外公,离开朝夕相处的伙伴们。兄妹泪人一般踏上了归家的路。

巴顿有一个明星梦。他家附近有家商店,每年夏季总要在它的橱窗里放上一个身着橄榄球队服的人体模特。随着年龄的增长,成为一名身着这种紫白相间运动服的球队队员成了当时巴顿生活中最崇高、最神往的目标。

父母不在时,巴顿经常偷偷溜出去到供儿童游戏的沙土场上练橄榄球,当然必须得把妹妹尼塔带上,否则她会向母亲告密。在场外,尼塔是巴顿唯一的啦啦队,但巴顿的表现却非常差劲,常常被压在冲撞挤压的人堆底层。玩棒球时,巴顿总是三击不中而出局,或接不住飞来的好球而大丢颜面。一次,巴顿正在第二垒,有一个球直冲他飞来,可他全然不知。所有的人都看着他,认为他会接住这个球,可他却只是干站在那里。球在他身后落地,所有的人都大叫道:"噢,真差劲!"

回家的路上,尼塔无精打采地跟在巴顿后面,"哥哥,我对你快要失去信心了。"巴顿肺差点儿气炸了。他发誓,终有一天也要成为球场上的明星,为自己挽回名誉。

为了使巴顿兄妹能尽快适应新的生活环境,父亲总是尽可能在繁忙公

务中挤出时间，陪儿子和尼塔玩耍，带他们去钓鱼、划船、骑马、练习射击。装扮成军人冲冲打打是孩子们最喜欢的游戏。巴顿后来回忆说："尼塔扮成少校，我则当一个列兵。我还以为列兵比少校官大呢！"

父亲每天早晨向他们敬礼，然后带他们去后面的树林里进行军事游戏。巴顿是当然的指挥官。父亲则成了他的贴身参谋，在虚拟的战斗中为他讲解如何行军布阵；在战斗的关键时刻要如何保持己方队型；也教给他如何构筑堡垒。父亲在弗吉尼亚军事学院学习到的军事知识确立了他在儿子心目中的地位。对于巴顿的提问，父亲总是有问必答。很快巴顿在军事作战方面得到的知识远较同龄人多出许多。

父亲还为巴顿削了一把木剑，他整日别在腰上，威风十足，感觉较几年前在外公的牧场上手持马鞭又威风许多。总之，少年时期的军事熏陶使巴顿对军事产生了浓厚的兴趣，为他日后步入军校打下了一个坚实的基础。

晚上，巴顿与妹妹坐在父亲身边，有时干脆一边一个坐在父亲的大腿上，听父亲为他们讲祖先们的故事。即使有些故事已经讲了不止一遍，巴顿听起来仍是津津有味、聚精会神，不自觉地进入情节，仿佛自己亲身经历一样。

巴顿十分崇拜祖先，为自己那颇有名气的家系而感到骄傲。因此在他幼年时就形成了一种优越感，坚信其祖先是弗吉尼亚的绅士，出身高贵，具有贵族的理想和抱负，是天生的领导人，负有领导他人的义务与责任。他相信自己就是祖先能力、意志、信心和理想的继承人，领导他人是自己义不容辞的责任，自己理应成为一个伟大的统帅和将军。对于巴顿来说，家族的力量是神圣的、伟大的和压倒一切的。它经常激励巴顿奋发向上，建功立业。"为家族争光"成为巴顿事业上的动力和支柱。

而这一切的形成，应该说父亲起了很大的催化作用。他知道父亲每天事务繁忙，不喜欢户外生活，只是因为自己的缘故才不厌其烦地陪他们兄妹玩耍，因此他更加敬爱父亲。向父母道晚安时，他总是调皮地使劲吻一吻爸爸，而对妈妈却不敢这么放肆，母亲对他和尼塔总是很严厉。

父母在巴顿身上倾注了极大的爱心。在巴顿很小的时候，他们就发现巴顿虽聪明伶俐，但在发音和拼写上却有缺陷，经常出现发音不准和拼写

错误的现象。现代医生认为这种现象为"阅读失常症"。对此小巴顿感到很苦恼，沉默寡言，很少说话，唯恐遭到人们的嘲笑。

巴顿父母深知这是一种慢性病，只能慢慢地调治，不能操之过急。他们总是尽可能是挤出时间在家中陪着巴顿，以绵绵的长辈之爱温暖他、启发他，帮助他克服心理障碍。

巴顿到了入学的年龄，父母担心同学们会嘲笑他，因此决定不送他上学，专门请家庭教师教他文化课，并请教练来指导他锻炼身体，以排除外界干扰，使他能够集中精力学习。晚饭后，父亲还要将巴顿兄妹俩唤到身边，为他们抑扬顿挫地朗读，以此来有意识培养巴顿兄妹的阅读和表达能力。事实证明，巴顿父母的做法有助于他克服心理障碍，而且效果十分明显。父母遂决定送他上学。

小学生巴顿

全面发展

斯蒂芬·卡特·克拉克私立学校位于帕萨迪纳市无轨电车线的起始点上。校舍是一套红木构筑的平房，有草坪环绕，不远处还有一个不小的操场。这是一所富人子弟学校，来自南加利福尼亚州富贵家庭的学生包括巴顿在内都在此就读。

入学不久，巴顿不得不比别的学生付出更多的汗水和辛苦。学校生活的沉闷使许多同学把不满发泄到这位新来的同学身上，他们对巴顿在课堂上偶而出现的阅读和拼写上的错误，加以嘲笑和羞辱。"喂，巴顿同学，再来一遍，就像这样……"有些同学模仿他发音不准的朗读，不时引起哄堂大笑；有些同学还在黑板上模仿他不规整的拼写。巴顿感到很愤怒，但并没有因此而气馁。"千万不能辱没家族的荣誉，勇敢地战斗。"他仿佛感觉到祖先一直站在峰巅上，观察他的一言一行，评判他的言谈举止，考测他的意志能力。想到这些，他不禁暗下决心，一定要克服心理障碍，要以祖先们的标准检验自己的言行，不断地督促自己奋发向上，力争有资格继承巴顿家族的传统。他写道："我们家族的祖先一直在催我奋进。如果我稍有迟疑，我就可能玷污我的血统。"

每天早晨，巴顿在锻炼结束以后，都要拿一本父亲给他精心挑选好的著作，在附近的树林中找一块僻静之处，模仿父亲给他和妹妹朗读时的姿态，放开喉咙，一字一句，抑扬顿挫地进行朗诵。经过持之以恒的练习，他的阅读和拼写能力大为提高。父母及安妮姑姑纷纷来信向他表示祝贺。他们的拳拳爱心和大力支持鼓舞了巴顿，振奋着他的精神，促使他决心取得成功。这不仅仅是为了他自己，更主要的是为了报答父母和效法祖先。

在学校，巴顿最喜欢的功课是历史课。他认为历史是由伟人们的个人品质所决定的。他们以其爱国主义、自我牺牲精神和巨大的力量推动了历史的前进。每堂历史课上，巴顿都是一个异常活跃的人物。对于老师提出的问题，他几乎都能对答如流。而且对于其中涉及的某些军事知识，他也经常能够提出富有创意的观点。这些都得益于上学之前，父亲给他讲的历史故事、伟人的经历和军事家的功业及进行军事游戏时，父亲向他灌输的一些军事知识。巴顿在课堂上表现出来的强烈的求知欲望和敏锐的分析、思考能力令教师惊讶不已，称他为"本校有史以来最具资质的学生，前途不可限量"。

每年巴顿的历史成绩都在所有同学中列第一位。但与此形成鲜明对比的是，巴顿在数学、几何等其他科目上的成绩却始终不是很好。他对历史一直怀有浓厚的兴趣，经常手不释书，即使在其他课上也是如此。

巴顿的体育成绩也很出色。入学后不久，巴顿就入选了校橄榄球队。那年秋天，树叶开始发黄。巴顿和一大群孩子在草坪上参加了橄榄球选拔赛，争夺加入校橄榄球队的资格。教练在队前踱步，缓慢地巡查着这些初次参加秋季橄榄球比赛的孩子们。他走到巴顿的面前，上下打量了他一会儿："你被录取了。"

巴顿被选入球队后，一开始先担任"阻挡"。但巴顿喜欢打线上球。对他来说，这令他感到刺激：两个人碰撞在一起，一个要向前跑，另一个则

要阻挡他；一个与另一个的对抗往往采用封锁、阻挡、突破边线等战术。

终于机会来了。在赛季中期的一个星期天上午，教练对一名"一线卫"队员的场上表现不满意，于是在更衣室召开的比赛方案会议上，他审视了首批上场队员，然后说："巴顿准备上，担任右边卫。"

巴顿一旦得到这个角色，决不会让别人把它夺回去。在本赛季的其他比赛中，这个"一线卫"的角色一直由他担任。在一次比赛中，他一人独得30多分，为本队获胜确立了绝对优势。一夜之间他成为校际橄榄球比赛中叱咤风云的人物。在学校体育活动中造就的良好的身体素质，也为巴顿日后步入军校奠定了良好的基础。

在斯蒂芬·卡特·克拉克私立学校的6年中，巴顿几乎看遍了身边所能接触到的全部历史方面的书籍。其中既包括诗歌，也包括个人传记、战争回忆录等。这些著作和诗歌对巴顿产生了巨大的影响，使他产生了某种神灵崇拜意识，相信灵魂转世和精神感应，并形成一种幻觉：他仿佛生活在其他历史时代，是一名斗士——一名古希腊的重甲步兵、古罗马兵团的战士、东罗马贝利撒留将军的骑兵、斯图亚特王朝的苏格兰高地人、拿破仑的勇士等等。

小巴顿的偶像

军事统帅们富有传奇色彩的战争故事更使巴顿迷恋不已。汉尼拔在西班牙和意大利的作战行动充分显示了用兵自如、胆量超人和对关键时间、关键地点的敏锐感觉。恺撒率第10兵团在高卢的征战、圣女贞德在奥尔良抗击英军、拿破仑统军在意大利对反法联盟作战、华盛顿率部在北美大陆上的对英作战等等，都展示了充满活力的个人领导才能和神秘莫测的军事指挥艺术魅力。对于在南北战争中因防御顽强而号称"石墙"的美国南部同盟军将领杰克逊，巴顿也尤为崇拜，其中更多的原因是由于巴顿家族的几位成员都曾在杰克逊的麾下任职。这些人作战勇敢、指挥有力，充满自信、战绩赫赫，成为巴顿效法的楷模。每每阅读这些富有传奇色彩的战争故事，巴顿都会激动不已，不自觉地置身于战争之中。

18世纪的拿破仑·波拿巴一直是巴顿最崇拜的军事统帅之一。拿破仑是法国历史上最卓越的政治家和军事家。对于他的军事谋略思想,巴顿尤为欣赏。巴顿认为拿破仑用兵的超人之处即在于充分地运用和发挥己方军队的特点,迅速地、机动地运用军队,在出色的运动中发动坚决的进攻,歼灭敌军兵力,夺取战役的胜利。

奥斯特里兹战役是拿破仑一生获得的40多次胜仗中最光辉的一次战役。这次战役是拿破仑自始至终直接指挥的,是最能体现拿破仑军事指挥艺术的战役。对于这位18世纪的军事天才,巴顿深为折服,这从巴顿为这次战役所做的注释中可清晰看到。文中录有拿破仑在这次战役结束后向其部队发布的嘉奖令:"在奥斯特里兹一天之中,你们完成了我要求你们以果敢精神完成的一切。俄奥皇帝指挥的10万军队,不到4小时就被你们打得落花流水……不朽光荣归于你们。"在文末注释处,巴顿一改作文评述的习惯,而不禁在大片空白处打了一个大大的感叹号!因为在他看来,对于这一军事史上的杰作任何文字都显得苍白无力。

对于拿破仑,少年时期的巴顿有一种不可名状的迷恋情结。在阅读间隙,巴顿曾试着专门撰文分析拿破仑的军事指挥生涯。为此,他几乎查遍了所能接触到的有关拿破仑的资料。当然这一切都是他自己私下里独立完成的。动机仅仅是出于对拿破仑这一军事天才的痴迷。但事情的发展远远超出巴顿的意料。这篇文章完成后,在学校引起很大反响,老师们对其大为褒扬,称此文"文笔优美、看法独到,是一篇少见的佳作"。巴顿本人也成为同学们关注的"热点"。在一片赞扬声中,巴顿的虚荣心和表现欲大为满足。

在巴顿看来,所有的伟人不管是好是坏,都是通过对周围环境的控制和驾驭而达到显赫地位的。为了出人头地,他就必须在某些方面具有专长,并得到社会承认。他认为他本人的专长就是在军事领域有所作为。为此巴顿不断地阅读军事史,他心目中的英雄人物都是过去时代的伟大将领。

巴顿重视荣誉和声望胜过生命。他认为,只有继承了家族那种伟大、崇高和辉煌的传统,只有向社会显示出超群的才干并为国家作出卓越的贡献,才能获得荣誉和声望。他期望有一天能像弗吉尼亚的祖先一样担任军官,像历史上的伟大统帅一样成为伟人,这就是他——巴顿的雄心壮志和远大理想。

坚强的巴顿

1902年夏天，巴顿一家来到圣卡特林纳岛休假，同时来此度假的还有他们的好朋友拜林和艾尔两家人。就在这时，巴顿结识了比他小2个月的比阿特丽丝·拜林·艾尔小姐。比阿特丽丝长得小巧玲珑，"真是一个美丽得像天空、白鸽般纯洁的女孩子。"

虽然比阿特丽丝已年满16岁了，但还是一副孩子气，喜欢玩洋娃娃。在家中的沙龙里，她是一个活跃分子。由于自幼受到父母的宠爱，她养成了固执、骄傲和目空一切的个性。很难想象，这两个性格基本相像的人会能够在以后的人生中走到一起成为恋人，也许这正是爱情力量的伟大之处。

一次，这几个孩子跑到岛上的原始森林里面，玩起"抓特务"的游戏。游戏开始后，谁都不愿主动提出作"特务"。因为扮作"特务"的一方必须是独自一人，孤身作战，把自己隐藏在森林深处，在一定时间内躲过其他人的抓捕，才算胜利。

巴顿自觉胆子很小，心中却又跃跃欲试，尤其在比阿特丽丝这样一位漂亮女孩的面前。他主动请缨，率先向森林中跑去。这是很大一片林海。参天的树木，枝繁叶茂、遮天蔽日，使得在林子里大白天也感到一股绿幽幽的凉气。越向前行，林木越茂密，横生出的枝杈不时挡住去路，巴顿用猎刀劈开路障，艰难前行。突然巴顿双脚踏空，垂直落入一个废弃的陷坑内。一阵颠簸，他发现自己坠入井底没膝深的污泥中，膝盖紧紧地绷在一起，人向前倾倒，污泥的气味熏得他动弹不得。过了一会儿，他才缓过气来。他松了一口气，抬头望去，坑口距坑底两人多高。他看了一下表，此时是下午1时30分。

巴顿试图站起来，但腰部和臀部的剧痛侵袭着他。不久，左脚开始阵阵抽痛。他脱下鞋放松一下，以减轻疼痛。他注意到他的踝部有一道深长的伤口。过了一会儿，他自勉道："我至少得试试！"他用背顶着坑壁，脚蹬着对面的坑壁开始向上挪动。爬了大约10尺后，他无法顶住易滑的坑壁，坠回底部。像这样持续努力了一个多小时，他感到筋疲力尽。

巴顿时醒时睡，直到早上的一束微光从坑口照下，他才清醒了。"他们一定在林子里四处找我……"他感到肚子饿，"我必须得从这里出去。"环视一下坑壁，巴顿忽然想到一个办法，如果他用随身带的猎刀在坑壁上凿出坎儿，左右交换依次向上，脚趾就有了攀援之处，从而就能爬出坑去。

坑的四壁虽因受潮而膨胀，但仍很坚硬。巴顿费了很大力气才凿开两个小立足点。休息一会儿，他又振奋起精神。"我不是半途而废的人！"他大声说，"我不能让我一家人失望！"他又继续凿。越往上凿越艰难，当他一只脚停在小立足点时，不得不以另一只脚和手靠在对面的坑壁上取得平衡，另一只手挥动着沉重的猎刀。这样敲敲打打，终于，他攀住了坑沿，使尽全身力气，一条腿往上翻，接着长嘘一口气，身体就跃落在厚实、松软的地面上。当他踉踉跄跄走出林子时，第一感觉便是肩上阳光的温暖。

巴顿终于靠自己的意志脱离困境，使其他人仅虚惊一场。在比阿特丽丝的身边，在充满奇幻的色彩中，巴顿有一种指点江山、挥斥方遒的冲动，他滔滔不绝地向比阿特丽丝讲起自己童年牧场的生活，憧憬着自己宏伟的人生目标。"我一定会成为一名优秀的军人、出色的将军。小乔治·巴顿将军将会创造一个时代……"望着巴顿慷慨激昂的样子，比阿特丽丝感到他很有男子汉的魅力，也许这正是她一直追求着的。

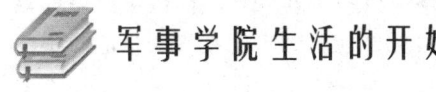

军事学院生活的开始

弗吉尼亚军事学院

西点军校是世界最著名的军校之一，号称"美国将军的摇篮"。它曾造就出美国一大批杰出将领，是美国许许多多热血青年向往的场所。一心想当军官的巴顿当然也不例外。20世纪初的"西点"约有500名学员。按规定，合众国总统有权推荐30名，国会参议员、众议员和特区代表每人有权推荐1名。一个普通的学生要想从这些大人物手中获得推荐，绝非易事。

父亲乔治为了使巴顿获得进校深造的机会，决心进行最大的努力。他把希望寄托在代表加州的共和党参议员托马斯·巴德身上。为了使巴德能最终推荐巴顿，父亲几乎使尽浑身解数。但是根据规定，每个申请者必须参加竞争考试，择优推荐。这一下可急坏了巴顿父母。他们知道巴顿发音和拼写均有缺陷。尽管现在已经改变了许多，但谁又能够保证他能在这次考试中正常发挥呢？他万一通不过考试怎么办？于是他们又通过各种渠道，了解各个大学的后备军官学习科目以及新泽西莫里斯顿预备军官学校的情况，计划先送儿子到一般的军校学习1年，为考试作准备。

经过一番比较后，他们选中了位于美国南部弗吉尼亚州的弗吉尼亚军事学院。巴顿家的许多人都曾在这里就读，父亲也是这所学院的毕业生，在该校有不少朋友和熟人。同时，巴顿的父亲还有更深一层的考虑：假如巴顿明年春天通过了考试并能进入西点，就算在弗吉尼亚军事学院多学1年也是值得的。因为让巴顿远离家乡和父母独立生活1年，可能会变得更加成熟一些。假如巴顿未被巴德选中，那么就让他在弗吉尼亚军事学院继续学习，日后争取进入军界。

不久，父亲把巴顿叫到身边，郑重告诉他将要送他去弗吉尼亚军事学院就读。尽管巴顿心里已有所准备，但一想到将要面对的军校生活，他心中如敲鼓一般，喜忧参半。喜的是自己从此可以为理想而奋斗，圆自己儿时梦想——成为一名出色的将军，就像家族的祖先那样。忧的是自己能否真的不辜负父母的期望，实现自己的目标。他感到自己在丧失信心，很担心自己的军事悟性。

这种矛盾的心境发生在巴顿身上并不奇怪，毕竟他刚满17岁，还是一个半大的孩子。更何况他从小养尊处优，从未离开过父母亲人的身边，离开过自己的家乡；而今却要离开亲人、家乡，到外面去独自接受风雨呢。

有一段时间，巴顿始终不能摆脱这种心理压力。整日闷闷不乐，仿佛一夜间变得自己都难以认识自己。他去向一位牧师寻求帮助："我可能真的胆怯了，我真的变了吗？""孩子，你没有变，你还是我们所喜爱的、勇敢的小巴顿。你要记住，在巴顿家族中没有胆小鬼……"

"谢谢您，我知道该怎么做了。"

巴顿回到家中，把这次会面告诉了父亲。望着身旁的儿子，乔治笑了。

他感到儿子长大了。"孩子，长期养尊处优的生活可能使我们家族的人不屑于进行一场拳击。同样是这一血统却使他们能面带微笑、视死如归地对待真枪实弹的生死考验。"父亲实际上是在暗示巴顿，无论如何，绝不能辱没他的血统。聪明的儿子对父亲的教导心领神会，并把它牢牢地记在心中。

弗吉尼亚军校坐落在一个小山上，俯瞰着列克星敦那亲切的红砖房屋，周围是一片全国最平坦、最迷人的田野。在美国第11号公路和第60号公路相会之处，溪谷向四面伸展开来：南到斯莫基斯山脉，北接滔滔的谢南多亚河那葱茏的河岸，西临青松遮蔽的山坡和西弗吉尼亚疗养地汩汩的温泉，向东穿过蓝岭山脉伸向大海。这里到处是悠然吃草的牛群和欣欣向荣的牧场，空气洁净清爽，只有烧柴火的袅袅炊烟，极少看到喷气飞机在天空留下的白色尾迹。

弗吉尼亚军校不同于西点军校，并不保证学生毕业后一定能够成为美军军官。在北方人眼中，这所军校似乎仍然继承着以往南部邦联的传统。因为这里还是把过去的老教官斯通沃尔·杰克逊（他的墓地就在镇上）和南方最伟大的李将军当作英雄来崇拜。弗吉尼亚军校只有力求使毕业生们具备较西点军校毕业生更为出色的军人素质，才能经得起军队的挑选。为了达到这个目的，在弗吉尼亚军校，学生们被要求无休无止地苦干，夜以继日地用功，遵守严格的纪律。

同弗吉尼亚军校学生们所要尽的本分相比，西点军校的生活就显得苍白而滞缓了。从9月到来年6月，除了圣诞节、新年、华盛顿诞辰、纽马特之战纪念日而外，弗吉尼亚军校概不放假。巴顿对此感到懊丧。

艰苦的军校生活

1903年9月，巴顿在父母、姑姑安妮和妹妹尼塔的陪同下第一次离开了家乡，踏上了东去的列车。此时巴顿已年满17岁了，有6英尺高，身材细长，表情严肃，俨然一副成年人的样子。巴顿入校不久，父母和妹妹就离校返家了，但最疼爱他的姑姑安妮却继续留在列克星敦，帮助他克服思乡病。实际上，安妮姑姑一年的大部分时间都住在这里，想方设法给巴顿以家庭的温暖，使他不致感到孤独，并激发他的进取心。

校内生活不仅纪律森严，而且艰苦难忍。对于一贯生活在优裕环境中的巴顿来讲，的确是一大考验。校内等级森严，高年级学生叫新生"耗子"。因为他们初来乍到，对一切都感到陌生，胆小如鼠。老生总是把新生们支使得不亦乐乎。身为"耗子"，他们永远也没有自己支配的时间，因为要无休无止地操练、运动、打杂；此外，还要时时忍受美国大学里特有的产物——恶作剧。军校里是以严酷强横引以为荣的，因此，恶作剧的方式自然是令人不快的了。

入校初期，巴顿的老毛病仍时常作怪。由于经常误解校方通报上的字意，不断闹出笑话，因此新入校的巴顿成了高年级学生制造恶作剧的牺牲品。一次，学校贴出通报要求所有入校新生按通知时间准时参加校方组织的一次会议。高年级同学则又在通告下面杜撰要求新生中当日值日同学另行传达一项通知。于是臂挂值日臂章的巴顿看到这张通告后，忙不迭地四处通知，丝毫未能想到是一场针对自己的恶作剧。

结果，出席会议者仅仅是主持会议的校方负责人，而听众——新生们却一直踪迹全无。这一事件发生后，校方大为震怒，责令有关方面将这件事查清楚，找出罪魁祸首。尽管巴顿百般辩白自己是清白的，但无济于事。因为在高年级同学的恐吓下，谁也不敢站出来为他作证。可怜的巴顿似乎不可避免地要成为这场恶作剧的牺牲品了。

不久，事件有了戏剧性的转机，巴顿父亲以前在弗吉尼亚军事学院就学时的一位同学介入了此事。巴顿的父亲曾向他谈到过巴顿的这一缺陷，他相信巴顿是代人受过，虽然目前还没有证据证明巴顿是无辜的。父亲的这位朋友四处奔走，校方暂时终止签发巴顿的处分决定。但事情远未到此结束，巴顿尚需证据为他摆脱干系。

终于一位同情巴顿的同学私下找到巴顿，表示愿意为他指证制造这起恶作剧的几位高年级学生。巴顿向他表示衷心感谢，同时也希望他不向校方泄露这几位学生的姓名。因为他不想因这件事令这几位始作俑者蒙受羞辱而不能在军校毕业。而后，他私下约见这几位恶作剧者，与他们开诚布公地谈话，并要求他们向他正式道歉，而他保证努力在学校方面斡旋，以使他们免于处分。

这场危机终于结束了，巴顿在这场风波中表现出来的坦荡胸怀不仅赢得高年级学生们的尊敬，也使他在新生中威望大增。他终于胜利了。不久，他被吸收为秘密的兄弟会的会员。虽然他内心并不愿加入，但不得不顺其自然，因为这意味着他已经被高年级同学同等看待了。

后来在给家里的信中，巴顿向父亲提及此事。自与父母分别后，巴顿一直以每月数信的频率与家中保持联系，以使父母能大致了解他的学习生活情况。

父亲在回信中充分肯定巴顿对于这件事的处理方法，并告诫他要努力克服缺陷，平时尝试阅读各种字迹的文稿，要搞清单词的每个字母直至理解整段文字。信末忠告儿子："对高年级学员要有礼貌，但只在同年级学员中交朋友；首先要成为一名优秀的军人，其次才是学好文化课。"

他如饥似渴地学习军事知识。他除了阅读一些较感兴趣的军事著作外，还潜心于战略战术、攻防艺术、地图绘制、军事行政等课程。他明白，要想像光荣的祖先那样，在硝烟弥漫的战场上跃马扬鞭、建功立业，那么自己必须从现在学起、奠定好基础。果然到圣诞节前夕，他的成绩和表现已经名列前茅了。由于他能严格遵守军容风纪和日常生活制度，不折不扣地执行一切规章制度，他被评为内务整洁、着装规范和军姿优美的标兵。

渴望西点

巴顿在弗吉尼亚军事学院努力学习、刻苦训练的同时，念念不忘上西点军校学习的事。他每次给父亲写信都提醒他催促那位参议员。他已经下定决心，"我必须得到那个位置"。在这一年里，父亲也在为了使巴顿能够顺利通过提名而多方奔走、游说巴德参议员。巴德参议员终于确定：考试定于1904年1月在洛杉矶举行，由他的妻弟负责组织。

尽管父亲一直对巴顿克服缺陷、顺利通过考试抱有信心，但巴德参议员的决定仍令他感到措手不及。因为考试地点定在洛杉矶，意味着巴顿要自弗吉尼亚军事学院千里迢迢赶赴洛杉矶来参加这次考试。比起其他考生，巴顿毫无优势可言：他不仅要和其他考生一样为考试做好充分准备，而且还要面临长途奔波的挑战。

父亲亲自给巴德参议员写信，希望能够特许巴顿在华盛顿巴德参议员的办公室考试，但被巴德参议员一口回绝了。巴顿不得不只身踏上了返回洛杉矶的旅程。在长途旅行中，巴顿丝毫不敢放松自己，抓紧时间复习功课。考完试后，巴顿没有来得及休息，又匆忙返校上课了。

不久洛杉矶地方报纸上登出了这次考试的前3名。巴顿在12位应试者中，榜上有名，很有希望成为被推荐的对象。父亲立即行动，向巴德参议员开始了新的一轮宣传攻势。一时间，为巴顿游说的信件像雪片一样飞到巴德参议员的案前，但巴德参议员仍迟迟不作最后决定。

这时，巴顿做出一重大举动：他在军校暗自给巴德参议员写信。在信中，巴顿首先为自己的鲁莽和冒昧行为向尊敬的巴德参议员致歉，同时也表达了希望能与巴德参议员在其华盛顿办公室晤面的愿望。过了一段时间，巴德参议员给巴顿回信同意他的请求。巴顿终于长长吁了一口气。他明白，虽然自己这一举动极为冒险，甚至有可能会毁了父亲为他所做的一切努力，但毕竟他赌赢了。他相信，他已经引起巴德参议员的注意。

巴德参议员与巴顿的这次晤面进行得非常融洽和成功，巴顿在会谈中表现出来的深厚的军事素养和独具魅力的军人气质令巴德参议员赞叹不已，他称赞巴顿"是同龄人中最出色的"。当巴顿走出巴德参议员的办公室时，胜利的天平已倾向了他这一方。巴德参议员最终决定推荐巴顿。得到这个消息，父亲激动极了，马上打电报给儿子，向他表示祝贺。

全家人现在都欣喜若狂了，第二天上午，父亲坐下来给儿子写了一封洋洋万言的长信，抒发他对这件事的感受和对巴顿的殷切希望。他说，虽然巴顿即将与家人分开，但全家人都为他感到高兴，"因为一个人在世界上最强烈渴望做的……便是最适合于他做的事。你身上具备优秀军人的血统，要正直、勇敢、整洁，那么你将得到应有的报答。"

梦寐以求的西点梦终于实现了。巴顿兴奋得不可抑制，同学们也纷纷向他表示祝贺。同时他被校方告知：鉴于巴顿同学在弗吉尼亚军事学院一年中取得的优异成绩，校方决定如果第二学年该生继续在该校学习的话，他将被提拔为第一下士，这是2年级学生中唯一的最高军衔。回首一年的学习生活，巴顿不仅进一步坚定了献身于军队的思想，身体和心理也都进一步成熟了，

而且还在实践中证明了自己有能力与同辈人进行竞争,增强了自信心。

 西点军校的新生活

新生活的开始

西点军校的正式名称为美国陆军军官学校,其目标是培养陆军初级军官。该校位于纽约市以北约50英里处的哈得逊河西岸,属于纽约州奥兰沿县。此地原为英国军事哨所,是控制哈得逊河航道的战略要点,美国独立战争中被美军于1778年1月20日占领,此后一直是军事用地。1802年7月4日,美国国会通过法案,正式确定在此建立美国陆军军官学校。西点军校号称"美国将军的摇篮"。进入西点军校是美国许许多多热血青年的志向。1904年6月,不满19岁的巴顿在父亲的陪同下来到西点军校报到,开始了新的生活。

在最初的日子里,巴顿对这里的一切都感到新奇:餐厅里桌布几乎每天一换,到处窗明几净、一尘不染,大家都循规蹈矩,一切都如在弗吉尼亚军事学院一样,是严格的军事化。但是不久他就觉察到,这里并没有他所欣赏的那种南方绅士气派,许多学员的出身并不高贵,充其量属于"中产阶级家庭",没有超凡脱俗的"远大志向"。而他则不同,巴顿认为"我属于一个可能快要灭亡或者从来都没有存在过的阶级,与那些懒散、声称爱国而又爱好和平的军人之间差距甚大,如同天堂与地狱之别"。从刚入学起,巴顿就决心以不同凡响的面貌出现,为成为一名震撼世界的军人而奋斗。

但是不久他就遇到了困难,他的文化课一直跟不上。巴顿一度丧失了自信心,他怀疑自己的潜力,感到自己浪费了生命。在给比阿特丽丝的信中充斥的满是颓唐、矛盾的心情。他称自己是"一个平凡、懒惰、愚笨而又雄心勃勃的幻想家"。在这一时刻给予巴顿勇气和力量的还是他的父母和亲人,他们理解儿子的苦衷,也了解他的性格,知道他尽了全力。父亲经

常来信鼓励他。他告诉儿子，一个人只要尽了最大努力，不管结果如何，都算是赢家、是强者。安妮姑姑一年的大部分时间都住在西点，随时给他以关心、帮助和支持。母亲和尼塔也经常来看望他。他们要让他知道：不管校方如何评估他的表现，他绝不会失去亲人的爱。

西点军校第一学年即开设队列训练课。巴顿对于这门课程十分重视。他认为队列训练最能体现军人的气质，培养军人良好的军姿和顽强的意志。而且队列成绩的好坏直接与学员的军衔有关。据他的同学戈塞尔斯回忆说："队列训练每星期六进行一次，可巴顿常常在星期天下午就苦练下一课。等到下个星期六时，他的动作已完美无缺了。我曾对巴顿说：'乔治，队列训练在毕业成绩中只记15分，而数学却有200分。你的数学已经很差了。如果你把用于准备队列训练的时间拿出80%来攻一攻数学，你不但仍可通过队列的考试，而且数学成绩也会跟上去。'巴顿不为所动，依然如故。"

结果，第一学年结束时，巴顿虽然队列成绩名列第二，但数学为全班倒数第一，法语成绩也很不理想。校方虽然对他的顽强意志和刻苦精神给予了肯定，承认他军姿优美、勇敢刚毅，但还是决定让他留级。

这是巴顿平生遇到的第一个大挫折。巴顿决定把这个坏消息告诉父母。他们是这个世界上最能够理解、同情他的人。很快父亲回电表示："没什么，我的孩子，愿上帝保佑你。"寥寥数语表达了父母对他的理解和支持。这使巴顿很快就重新振作起来，摆脱留级带来的耻辱感，开始了新的一轮冲刺。

在新学年里，他几乎把所有课余时间都利用起来温习基础薄弱的科目。每天凌晨，天刚蒙蒙亮，他便悄悄爬起来，洗漱完毕后，来到校园中僻静之处，大声诵读文章，锻炼自己的发音和语言表达能力。当早操号吹响之时，他已热身完毕。入夜，当熄灯号响过，他还要躺在床上冥思苦想，反复思考白天在课堂上讨论过的战例。他总是善于从各种角度设想，并以沉着冷静的头脑估量着一切可能的策略。可能正是这种训练使他的头脑比一般人认为的要科学得多，他对于战争的历史了如指掌（几乎每一战例都像索引目录卡片那样整整齐齐地储存在他的头脑中），令许多同学自愧不如。

升入2年级后，巴顿的目光紧紧盯上了第一下士学员的位置。他吸取了1年级时的教训，每门功课抓得都很紧。同时，他还参加了校足球队，很快便以出众的球技确立了在队中的主力地位，几乎在每次比赛中都能摧城拔寨，攻破对方的城池。由于巴顿表现出色和队员之间配合默契，西点军校的足球队由弱转强，赢得一系列校际比赛的优胜，也吸引了大批的球迷。而巴顿更是成为军校球迷们关注的焦点。每当巴顿出场，"巴顿，巴顿，……，"球迷们有节奏的叫喊声响彻全场，令巴顿兴奋不已，总感到有使不完的劲，在绿茵场上积极穿插跑动、带球过人、传切配合，直至射门，一气呵成。

巴顿的出众表现不可避免地在比赛中受到对方球员的"特殊照顾"。在一次比赛中，对方球员对他实施严重犯规，幼时伤处再次严重骨折。巴顿被迫含泪离开心爱的绿茵场，但他并没有泄气，又参加了校田径队，成为高栏赛项目的运动员。功夫不负有心人，巴顿的刻苦努力终于有了成果。学年末，他不仅通过了各项考试，而且还被任命为2年级的第二下士学员。这是一个巨大的进步，尽管没有当上第一下士学员，但毕竟已接近了目标。

领袖才华初露

巴顿作为2年级的第二下士学员，他负责带领1年级的一个连队。第一下士学员不在场时，他还要领导全营。每当他履行职责的时候，总会感到祖先们在用目光注视着他，于是感到信心倍增、力大无穷。他认为"一个人要成为一名好军人，就必须遵守纪律、有自尊心，对于他的事业和国家感到自豪，对于他的同事们和上级有高度的责任义务感，对于自己表现出的能力有自信。"他知道如何使手下这批学员具有他们必须具备的纪律性、荣誉感、责任感和自信心。他暗下决心，一定要训练出一支与众不同的模范连队。

他十分关心提高和培养新学员的军事素质和军人性格，从不欺负他们。他不仅对新学员要求严格，而且更能严于律己、身体力行，注意在学员中树立自身的形象，对自己的一点点差错都不放过。但是巴顿的高标准、严要求并未给他仕途带来好运。鉴于巴顿上报的学员违纪行为比其他学员干部报的多，到新生训练结束时战术教官将他从第二下士降为第六下士。这对他的自尊心是一个沉重打击，他第一次感到好心没有得到好报。

在一次轻武器射击训练中，巴顿和同学们轮换射击和报靶。在其他同学射击时，报靶者要趴在壕沟里，举起靶子；射击停止时，将靶子放下报

环数。轮到巴顿报靶时，他突然萌生出一个怪念头：看看自己能否勇敢地面对子弹而毫不畏缩。当时同学们正在射击，巴顿本应该趴在壕沟里，但他却一跃而起，子弹从他身边嗖嗖地飞过。真是万幸，他居然安然无恙。

后来，他漫不经心地对他的父亲谈起了这件事。"你为什么要这样做呢，巴顿？"他父亲问道，"只是为了显示你有多么勇敢吗？蠢货！""不，爸爸，"巴顿腼腆地答道，"我只是想看看我会多么害怕，我想锻炼自己，使自己不胆怯。"

巴顿不惜再一次拿自己的生命当赌注。在一次物理课上，教授向同学们展示一个直径为12英寸长、放射火花的感应圈。有的学生提问："老师，电击是否会致人于死命？"教授就请提问的同学进行试验，但这位同学胆怯了，拒绝进行这种试验。下课以后，巴顿来到教授办公室。"老师，请允许我试一次。"教授踌躇道："不，我不能答应你的请求，"他惊讶地注视着面前这位学生，"你疯了，这种电击会很危险，你可能会因此而丧命。"但是固执的巴顿却认为这恰是考验自己胆量的良机，不愿轻易丢掉，还是言辞恳切地哀求。教授迟疑了一会，终于同意了他的请求。带着火花的感应圈在巴顿的胳膊上绕了几圈，他挺住了。他并不觉得怎么疼痛，只感到一种强烈的震撼。但此后几天，他的胳膊一直是硬梆梆的。他再次证明了自己的勇气和胆量。

鉴于巴顿的优异表现，在工作中能够严于律己和尽职尽责，到3年级春季，他再次被升为第二下士。3年级学年底，又被提升为下学年的学员兵士长，这使他在高年级中成为军衔较高的学员干部。于是就像一位永不停歇的爬山者一样，巴顿又为自己定下3个目标：在队列训练中夺冠；到4年级时升为学员副官；在田径项目上打破学校纪录，达到A级运动员标准。

队列训练是一支队伍军事素质的最直观的体现。巴顿决心训练出一支钢铁般的连队。尽管2年级因纪律严格而被去职的往事还历历在目，但他还是决定以严格的纪律和超强度的训练来塑造出他心目中的威武之师。结果队列操练考试那天，烈日炎炎下，巴顿与手下低年级学员们一样，一身戎装。站在队前，脸色严峻。在他简短有力的口令声中，这支队伍始终保持着严整的队形、饱满的斗志，充分发挥了潜力。观看巴顿带队操练的教官们，对他熟练胜任的指挥技巧，无不表示满意，结果他的队列训练成绩名列第一，并且在校运动会上，他先后刷新了几项田径项目纪录，特别值得高兴的是，他真的当上了学员副官。

西点的骄傲

巴顿被任命为西点军校学员队副官是1908年夏天的事，这使得他心花怒放。学员副官是军校全体学员的头，是阅兵队伍之"星"，能抛头露面，而且十分露脸，是军人和荣誉的象征。在练兵场上，他喊着口令、昂首阔步，面对检阅台做各种示范动作，犹如鹤立鸡群，令人称羡，而这正是视荣誉如生命的巴顿所向往和追求的，而且巴顿的父亲曾是弗吉尼亚军事学院的学员副官。在弗吉尼亚军事学院就读时，巴顿就决心要继承父亲的传统，把争取这个职位作为自己在西点军校中奋斗的一个重要目标，而今多年奋斗终成正果——在毕业前得到这个职位，怎不令他精神振奋呢！

在西点军校的最后一年中，由于课程已不多，巴顿又一头扎在历史和军事著作中，进行一种完全不同的探索，他带着批判的眼光如饥似渴地把它们从头读到尾。他还开始写作，并写出了一个陆军士官所能写出的一些最好的文章。"在那远古的日子，"这是他作品的典型语气，"有那么一伙不为人们所知的野蛮人，在他们当中出了一个出类拔萃的天才造出了轮子以为行进之助。打那以后，各色各样的道路，从大理石铺的到铁丝网拦的，就在人类好斗的曲折历史中发挥了主要作用。"在他的作品中，诗和散文占很大比例，大都是咏物言志的，大部分用于自我欣赏。

1909年6月，巴顿毕业了，时年24岁。虽说他花费了5年时间才读完所有的课程，但仍取得了惊人的成绩。他是学校跨栏赛纪录的创造者，同时还是优秀的击剑运动员和步枪、手枪的特级射手。他以标准的着装、优美的军姿、出色的领导才能和勇敢莽撞的举动而成为西点军校的骄傲和关注的中心。更为重要的是，他以惊人的毅力战胜了"阅读失常症"，克服了摆在他面前的一个又一个障碍，各个科目都取得了令人满意的成绩。他比别人付出了更多的汗水和劳动，因而获得了更多的荣誉和成果。但这仅仅是一个开端，他迫切地渴望在真正的军旅生涯中开辟出显赫与光荣的道路。

法国总统——戴高乐

 书香门第

开明的祖父母

在法国历史上，有两个人物让世人推崇备至。其一是拿破仑，他所率领的军队几乎征服了整个欧洲大陆，使法兰西这一字眼在世界近代史的长河中闪闪发光；其二就是戴高乐了，他使法兰西这一民族没有在历史的长河中消失，让法兰西重新放射出光芒。当1940年6月18日，伦敦广播电台播出"无论发生什么事，法兰西抵抗的火焰不能熄灭、也绝不会熄灭"之时，一个伟人就走到了历史的前台。

这位拯救法兰西于水火之中的伟人，青少年时的人生足迹又是怎样的呢？

戴高乐祖先曾在佛兰德、香巴尼和布尔戈尼等地居住过。这是一个在法国资产阶级大革命中破了产的、笃信天主教的小贵族家庭。18世纪，戴高乐家族曾有人涉足司法界为官，担任过巴黎议会的检察官。进入19世纪，戴高乐家族又以科学文化为主要职业，成了令人钦慕的书香门第。在这个家庭中，对戴高乐一生产生直接影响的，是他的祖父母。

戴高乐的祖父名叫朱利安·菲力普。1835年，朱利安·菲力普同约瑟芬·安娜·玛丽·马约结婚。朱利安·菲力普是一位历史学家。他致力于

史学、古籍研究，潜心阅读中世纪的证书，辨认和收集巴黎教堂的铭文，1839年出版了《巴黎及其近郊新史》一书。从信仰上来说，他是正统的保皇分子。他认为在正统遭受严重的破坏之后，历史应该恢复其连续性，祖国应该重建。法国历史应该使法国人团结在一起，正如宗教圣徒们团结在一起一样。

戴高乐的祖母约瑟芬·马约，在事业上似乎比丈夫更具影响，堪称文学界女豪杰。约瑟芬·马约出生于一个烟草厂主家庭，也许这个资产阶级出身使她不像丈夫那样受旧思想和旧传统约束，也不像一般富家闺秀那样胸无大志。

约瑟芬也是一位天主教徒，她曾写过许多关于宗教道德的书，书中浓厚的宗教道德色彩，在当时颇受称赞。但是，活跃的思想并没有被宗教精神禁锢住，她在一家《家庭通讯》刊物任主编，经手发表了社会主义者朱尔·瓦莱斯的文章，还曾著文颂扬颇为著名的社会主义者蒲鲁东。然而，她并不是社会主义者。

她思想活跃、才思敏捷。使她一举成名的小说《阿代马尔·德贝尔卡斯托》至今仍然吸引着不少读者。她的文学作品源源不断，在19世纪的法国，她可算得上是一位多产的女作家，在国立图书馆的目录卡上，她的作品目录占了8页之多。

特别是她的传记体裁的作品，更有着极高的艺术及社会价值。其中有记述法国浪漫主义诗人夏多勃里昂的传记，有记述追随拿破仑多年曾护送他去厄尔巴岛的特鲁奥将军的传记，还有记述爱尔兰政治家达尼埃尔·奥康内尔的传记。

戴高乐在幼年时就极为钦佩夏多勃里昂并欣赏他的诗句，他还对祖母的《爱尔兰解放者奥康内尔》一书爱不释手。书中描述的奥康内尔，由一个爱尔兰的独立运动的成员，一步步成为国会议员，并参加英国宪章运动，为"暴力派"领袖之一；后又创办《北极星》报，宣传暴力改革思想；最后变成为合法主义者，不再主张暴力斗争。其一生的经历对戴高乐影响极大。在祖母的《奥康内尔传》中所阐明的主题则贯穿了戴高乐的毕生活动。约瑟芬·马约在《爱尔兰解放者奥康内尔》一书中赞扬了那位爱尔兰的爱国者进行的一场不流血的革命，他用尊重法律和秩序的办法解决了问题。

戴高乐从小立志报国效力，甚至于戴高乐的历史文学修养，完全可以说都与他的祖母有直接的关系。戴高乐虽然从他资产阶级出身的祖母那里继承了许多，但他从来都否认自己与资产阶级有任何牵连。1962年，戴高乐说道："资产者？我从来就不是。资产阶级，就是财富，就是占有财富的意识，或是攫取财富的欲望。我的家庭和我，我们一直是贫穷的……我从未感到我与这个阶级的利益和愿望联系在一起。"

的确如此，在戴高乐的祖父那一代上，法国是一个农民占绝对数的国家。由于在法国，拿破仑三世一直被看成是乡下人"反对资产阶级封建制"的保护人，农民对皇帝也一直充满了忠诚。作为保皇分子的祖父、以及延续了这种信仰的后代们，生长在法国的乡村，自然要否认其与资产阶级的任何牵连了。

影响深远的家庭教育

祖父母虽然性格各异，并且所从事与研究的事业又不相同，但关系却十分和谐。他们婚后一共生养了3个儿子。戴高乐的父亲亨利·戴高乐，排行第三，生于1848年。他选择了军人的职业，还考取了为陆军训练技术人才的巴黎工艺学院。

1866年8月，亨利·戴高乐同表妹让娜·马约·德拉努瓦在里尔结婚。1870年普法战争中，法国很快面临失败，亨利·戴高乐响应资产阶级左派活动家甘必大的号召，志愿加入了"国民自卫队"。在巴黎被围时，他是陆军少尉，率领一排人参加了斯坦斯和布尔歇的战斗，负伤后获得一枚勋章。这枚勋章后来被少年戴高乐视若家珍。

普法战争后亨利·戴高乐放弃了继续求学的念头，当上了教师，在位于沃吉拉尔大街389号的圣玛利亚教会学校教授哲学、数学和文学。所以出现这种选择，一方面是由于父亲朱利安·菲利普突然去世，家庭重担落在了他的肩上；另一方面也由于法国的战败，使他对政府统帅的军队暂时丧失了信心。

亨利是一个知识渊博并有坚定道德信仰的人,他同其父亲一样也是一位忠实的保皇党人。他利用讲台,把上帝、国王和祖国一起灌输给求知若渴的青少年。他在圣玛利亚教会学校曾任学监和校长。

戴高乐后来这样评价他的父母:"我的父亲是一个有见解、有学问和尊重传统的人,对于法国的尊严充满了感情。他让我了解了法国的历史。我的母亲对于祖国有着坚定不移的热爱,这和她的宗教虔诚不相上下。"

亨利尽管忠诚于他的教育事业,可是,为了抗议法院对他一位同事的不公正判决,他辞去了公职,来到一所初级中学教授文学和数学。他身材修长,长着一双象牙一般的手。面对普法战争后法国的衰败之势,他常常神情严肃,创作一些希腊哀歌来寄托忧思。在政治观点上,他毫不隐讳,自称是"一位悔恨的君主主义者"。

戴高乐的母亲让娜·马约·德拉努瓦是一位虔诚信教的女子,她的两个姐姐都是修女。在她的近亲祖辈中有爱尔兰人和苏格兰人。

亨利夫妇有5个孩子:4个儿子,1个女儿。老大格扎维埃——矿山工程师;夏尔·戴高乐排行第二;老三玛丽·阿涅斯,嫁给了矿山工程师;老四雅克——矿山工程师,老五皮埃尔——银行家。夏尔·戴高乐是亨利夫妇的第二个孩子,全名叫夏尔·安德列·瑟夫·马里·戴高乐。他生在里尔,长在巴黎,所以戴高乐后来常自称"巴黎的小里尔人"。一家人在饭前都要念上一遍祝福经,然后边吃饭边用拉丁语就各种问题发表议论。每星期四下午,亨利总要率领着全家去拿破仑墓或去凯旋门前静默致哀;星期天则带着他的孩子们去凡尔赛,有时去斯坦战场。普法战争中法国的失败,对戴高乐的童年来说就像一张痛苦的蜘蛛网,经常困扰着他的心。

戴高乐将军在以后的《回忆录》中专门提到在他童年的心灵上形成的某种"思念法兰西"之类的教育,它是通过方形王旗和简练的碑文,通过对光荣或牺牲的回忆,通过罗斯丹·特泰依等名家的作品以及史诗歌曲等进行的。总之,王冠、祭坛、军队和教会构成了戴高乐一家的正统思想。

戴高乐兄妹5人中的大多数,后来都成了实业家和工程技术专家,他们的职业取向偏离了这个家庭的传统。唯独戴高乐的道路不一样,他喜爱文学,择业军人,却又从政半生。只有他,将这个家族几代人的不同志向汇集于一身。可以说，父母对事物的看法以及他们在生活中的言谈举止，深深地影响了童年的戴高乐，使他常常为国家的业绩、英雄的功勋而神往，为国家的衰败和民族的苦难而激愤。

从小立志

1890年11月22日，戴高乐诞生于里尔市公主街上玛约的故居。在这幢房子的正面有一个壁龛，位于高大正门上方的左侧。龛洞里塑了一尊圣母德拉福伊的小雕像，人们从铁栅外几乎难以看清。正门外围毫无修饰，这与四周各种豪华的建筑物形成鲜明对照。

戴高乐诞生的时候，正是路易·拿破仑亲王进行波拿巴主义实验的时候。这个身材矮小、盛气凌人的拿破仑三世，之所以能成功地取得政权，固然有他长于权术、善于自吹的原因，但同样重要的也是由于他的名字所具有的魅力以及人们对昔日拿破仑帝国光荣历史的怀旧之情。

然而，在戴高乐出世之时，欧洲历史上最重要的现实是普鲁士作为最强的大陆国家在欧洲崛起。德国是一个后起的资本主义国家。普法战争后，它利用法国的割地赔款以及使用先进的生产技术，在较短的时间内就赶上并超过老牌资本主义国家英国和法国。在19世纪90年代，德国工业生产已跃居欧洲的第1位。黑色冶金、机器制造以及电器、化学、光学等新兴工业发展迅速。基于这种情况，德国统治集团叫嚷德国"缺乏空间"、"领土太小"，为重新瓜分殖民地大造舆论。德皇威廉二世提出向世界范围扩张、争夺世界霸权的"世界政策"。帝国外相皮洛夫在议会中公然宣称："把土地让给一个邻国，把海洋让给另一个邻国，而自己只剩下纯粹在理论上主宰着天空的时代已经一去不复返了。……我们也要为自己要求阳光下的地盘。"为适应侵略政策而成立的泛德意志同盟，宣扬民族优越论，大肆鼓吹军国主义和扩张主义。面对德国咄咄逼人的攻势，法兰西的广大人民感到了民族的危机，不少人心中滋长着一股强烈的复仇情绪。

戴高乐正是在这种历史背景下，倾听父亲讲述他在德国人包围巴黎时负伤的战斗经过，听母亲回忆她的双亲在得知踌躇满志的巴赞元帅率领全军在梅斯投降的消息时潸然泪下的情景。亨利向子女们指出，理想中的法国庄重威严、笃信宗教、国势强盛,而如今道德堕落、国难当头、问题丛生。尤其是由于排犹引起的对年轻的犹太军官德雷菲斯的陷害事件,引起了全社会的不满。这一事件严重损害了军队的威信。少年时的戴高乐痛恨军界、政界的腐败,若干年后,戴高乐对德雷菲斯事件写下了如下一段文字:

"正当民众的感情开始与军队疏远的时候,由于命运的摆布,爆发了一场有可能加深各种恶意的危机。在这场可悲的审讯中,足以毒死民众情绪的做法无所不有。控告者伪造证据、不负责任、恣意攻击,更增加了司法方面错判的可能性;但是,有些人或出于信念、或为了国家利益,决心维护为国效力的统治集团的一贯正确性,他们惶恐不安地拒绝承认司法上有什么错误。案情越来越扑朔迷离:一大堆纠缠不清的事件,各种各样的阴谋诡计,又是坦白交代,又是撤回证词,又是互相决斗,又是自杀事件,还有辅助审讯,使对立的双方都火冒三丈,并常常把他们搞得晕头转向。这时出现了一股有害的疯狂情绪,不分青红皂白地破坏了法国人对自己力量象征的起码尊重(分裂的法国人正在用这种力量使自己团结起来),同时也破坏了人们的信念、友谊和相互尊敬。"

一位专门研究戴高乐生平的作家说,要完全理解当时的情况,戴高乐还小了几岁,不过他那时的年龄倒足以使他在后来认识到,德雷菲斯事件对他父亲那一辈人意味着什么。国耻和失败,爱国和卫国,信念和宗教,这些都是亨利·戴高乐对儿子教诲的内容。在父亲的教导和影响下,戴高乐从小就立下了报效祖国、重振法兰西的宏愿。

 战 争 下 的 童 年 生 活

不服输的小戴高乐

戴高乐出生的第二天,父母就在庄严肃穆的加尔默罗会的圣·安德烈教堂为他进行了洗礼。在他们看来，戴高乐也应继承先辈们的信仰及宗教。父亲亨利·戴高乐不仅自己在教会所办的学校里教书，而且在其子长到上学年龄时，也让他进入了教会所办的学校学习。10岁以前，戴高乐在圣托马斯——达广学校读书。从6年级起，他进了由他父亲任学监的沃吉拉尔教会学校。戴高乐家族的"史学"和"文学"渊源，熏陶和培养了戴高乐的兴趣和才能。

戴高乐喜欢文学和历史，他在少年时就对法兰西的历史产生了浓厚的兴趣。在课余时，他还时常阅读古希腊的抒情诗，朗诵歌德和海涅的作品。法国诗人兼剧作家埃德蒙·罗斯唐的作品，对童年的戴高乐影响极大。除此之外，少年时的戴高乐还喜欢佩居伊、雨果、高乃依、拉辛、夏多勃里昂的作品，而且也欣赏莎士比亚的剧作。

戴高乐从小就引人注目。在同龄人里，他的个子高出一截，鼻子大得出奇。他性格刚毅、好强争胜、不愿屈于人下，显得孤高自傲、冷若冰霜。他的哥哥格扎维埃说："掉进了冰山的夏尔……"总是那么坚硬冰凉。戴高乐的性格，使他很自然地成了"孩子王"。童年时的戴高乐对打仗游戏、惊险故事以及他所喜爱的诗人和作家花费了太多的时间，他自己写诗比学诗花的功夫更多。对于戴高乐的所作所为，他的母亲心想：或许让他学学钢琴能够培养他的勤奋精神。可是没过多久，戴高乐的母亲就彻底失望了。虽然戴高乐喜欢听音乐，但对练琴却不感兴趣。

学习成绩平平的戴高乐，在童年时代却有意练出了一项真功夫：他练习把单词倒过来念，锻炼出惊人的记忆力。几十年后，戴高乐的记忆力，成了众多政治家和要人们议论的话题，在谈到这一点时，往往可看到人们脸上那钦慕、嫉妒或迷惑不解的神情。

凡是见过少年时的戴高乐的人，都能记得，他是个眼睛里显露出勇敢精神的瘦弱儿童。在同学中间，他总是垂下眼睛，然而他对自己十分自信。十几岁时，他像同龄的孩子们一样，喜欢从楼梯扶手上滑下来。在这种游戏中，他曾摔倒过一次。大家把他扶起来，问他："你心里不怕吗？"可他却回答："怕？难道我丧失了胆量？"他的不畏艰难、永不服输的性格自小就显得十分突出。

文学小少年

戴高乐在少年时不仅喜爱文学，而且，还时常自己进行创作，以此来表达自己的抱负和抒发情怀。他在上小学的时候就写过诗，写过小说，也编过短剧。在他幼稚的笔下，一个博大的胸怀已跃然纸上。

1905年，15岁的戴高乐在他父亲主持的沃吉拉尔教会学校时，写了一篇很说明问题和极具幻想的小说，题目叫《德国的战役》。小说虚构了一场30年代的法德战争。

"1930年德国军队向法国宣战！"

"三支德军跨过沃日。第1支德军，20万之众，携大炮500门沿瑞士边界而下，经过贝尔福特进扰巴黎。"

"第2支德军直接越过群山峻岭，踏向南锡；这支德军有17 000人，大炮480门。俾斯麦将军已经命令第3支军队10万队为第2支军队的后援……"

"1931年1月18日，法国陆军部长从正在维也纳聚会的各国首脑们那里得到了保守中立的诺言。"

"在法国，组织工作很快就绪。戴高乐将军统率20万军队、518门大炮……"

"2月10日，各军进入战斗状态。"

"戴高乐很快制定了方案，必须拯救南锡，然后声援布瓦德弗尔，并赶在德国人实现对我们说来肯定是噩耗的会师之前粉碎之……

在虚构了这最初的战争进程后，戴高乐还设想了在他策划和领导下的南锡战役。战役中，他率领着英勇善战的法军与德军浴血搏杀，终于将德军围困在梅斯要塞待毙。

从这篇小说中我们能看出，戴高乐少年时代就确信未来法德战争不可避免，德国必败。无论如何，法国要雪普法战争之耻；法国的胜利，将是"戴高乐将军"领导下的胜利。小说的大胆设想和抱负，完全预言了以后戴高乐的道路。

小说写于第一次世界大战之前，小说中的故事却发生在两次世界大战

之间。之后的历史也基本上吻合了小说中的预见。只是有一点需补正的，小说中将各国首脑们保持中立的诺言当作法国胜利的条件之一，这是不符合实际的。因为自普法战争后，德国的强大和法国的相对衰弱，已决定只有在结盟的条件下法国才能进行一场新的法德战争。假如"各国首脑们"在法德战争中保持中立，那无疑等于宣布支持战败法国。

或许是因为太渴望胜利，或许是年龄关系，也或许是从小就希望法国独立于世界，戴高乐当时还没考虑到这一点。

1908年，年轻的戴高乐曾写了一首无题诗，诗中写道：
我愿！……
如果我必将死去，
我愿死在战场上．
这时我的灵魂，
依然披着战火掀动的如醉如狂的喧嚣，
那宝剑的威武与清澈的撞击声
使战斗者悲壮地视死如归。
我愿死在夜晚，
逝去的夕阳可以使离别少一些
遗憾，
并为死者蒙上遮体的丧服，
夜晚！……与夜俱来的将是
上帝赐与的和平，
当我死去的时候，在心窝和眼睛里
我将得到星光凝重的安宁。
为了死而无憾，
我愿死在夜晚，
那时，我将看到
光荣之神在床头向我展示
节日盛装的祖国，
那时，我虽已精疲力竭，

却能够在死神来临的簌簌声中

感受到光荣之神在我的额头上

灼热的一吻。

这首无题诗中充满了视死如归、一心报效祖国的激情。除了这首诗外，戴高乐在16岁时还曾写过一个短诗剧，其题目为《苦相逢》。剧情讲述的是一个游客与一个奸诈阴险的强盗相逢，最后被抢骗一空。剧情并没有什么离奇与值得特别称道之处，可年轻的戴高乐却把它寄给了正在举办诗歌竞赛的奥尔纳省文学杂志。

完全出乎戴高乐的意外，他的这首短诗剧获得了一等奖。在获得这个消息的同时，杂志社通知他：作为报酬，作者可在25法郎奖金或者发表作品之间作出选择。戴高乐毫不犹豫地选择了后者。

戴高乐的志趣在青少年时就有较明显的脉络可寻。后来戴高乐在回忆录中曾说道："法国在我少年时期，无论是作为历史的主题还是作为与公众生活攸关的事情，都使我感到莫大的兴趣。因此，公众论坛上每天出现的事物都吸引了我的注意，同时我也以极严格的批判态度对待它。出场的人物如万马奔腾一般倾泻出他们的智慧、热情和雄辩，使我不禁为之神往。"

1969年12月11日，已辞去公职、在家安享晚年的戴高乐曾问过马尔罗（安德烈·马乐罗，曾写《砍倒的橡树》，书中对戴高乐进行了描绘，影响较大）：你发明了"戴高乐主义"这个词，它到底是什么意思呢？马尔罗回答，"戴高乐主义"不是弱者的民族主义。在战争中，戴高乐主义就是反法西斯主义。戴高乐对这个答复不甚满意，他补充道："任何一项政策的真正灵魂，都是民族。"

曾著《戴高乐和戴高乐主义》一书的米歇尔·德勃雷这样解释戴高乐主义的本质，他说："我认为，戴高乐主义的本质蕴含着一种法兰西精神。这种精神，就是一种保障国家的物质力量和维护理性权威的意志，并在同其他国家的关系中坚持法兰西民族的独立和统一。换句话说，戴高乐主义崇奉的是，捍卫法兰西命运的理想。"由此可见，民族这个观念在戴高乐的思想和政治生活中是无处不在的，与戴高乐主义是密不可分的。

在整个戴高乐童年乃至少年的梦想中，无疑是离不开民族这个观念的。

他的所有梦想，根植于法兰西民族之中，扎根于他的民族利益和国家利益之中。

祖国在我心中

戴高乐出生在19世纪90年代的法国。此时的法国，早已告别了它那历史上纵横捭阖、独霸一方的世界强国地位。1870年的战争虽然过去了20年，但那耻辱仍像一一个铁砣一样压在法国人心间。

旧耻未雪，戴高乐又亲身经历了多次邻国的无端挑衅。历史上法兰西民族那些抗御外侮和振国建威的英雄哪里去了？人们在寻找贞德、路易十四、拿破仑，眼里看到的却是拿破仑三世、布朗热之流。法国无可奈何地走下坡路了。戴高乐正是生活、成长在这个走下坡路的年代，他在这种历史条件下，孕育了自己的思想，培育了自己的个性，塑造了自己的形象。

曾写过《戴高乐与戴高乐主义》一书的研究戴高乐的著名学者弗朗索瓦·德雷弗斯在分析戴高乐思想时认为，其中一个最基本的因素就是民族主义。他认为，在戴高乐出生的那个年代，民族主义在法国不是个别现象，甚至可以说那时候法国大部分政党都是民族主义政党。自从法国失去阿尔萨斯——洛林之后，复兴法国同有朝一日收复阿尔萨斯——洛林的想法，成为法国几代人的奋斗目标。在学校的教科书中，在流行的文学作品中，到处都可见到这种情感的流露。

每一个民族都有它自己的特性，都有它体现一定特色的民族传统思想。在这种历史条件下演化到近代的法兰西民族主义，不可避免地带有在压抑下的反抗性、在落后中的进取性、在分裂中的向心性。以法兰西民族主义为思想基础的戴高乐主义，正是体现了这种反抗性、进取性和向心性。

戴高乐在当上法国总统后曾说过以下一段话："我对法国一向有一种看法，这是从感情和理智两方面产生出来的。感情的那一面使我把法国想得像童话中的公主或壁画上的圣母一样献身给一个崇高而卓越的使命。我本能地感觉到上天创造法国，如果不是让它完成圆满的功业，就会让它遭受惩戒性的灾难。假如在这种情形下，它竟在行为和事业上仍然表现为一个庸才，那我就会认为是一种可笑的变态，其过失在于法国人，而不在于这个国家的天赋。但我理智的一面又使我确信，除非站在最前列，否则法国就不能成为法国；唯有丰功伟业才能弥补法国人民天性中的涣散。以当前的我国与当前的其他国家相比，如果没有一个高尚的目标和正直的胸怀，就会遭到致命的危险。总之，法国如果不伟大，就不成其为法国。

"当我在出生地成长起来的时候，这种信念就随着增长。我的父亲是一个有见解、有学问和尊重传统的人，对于法国的尊严充满了感情。他让我了解了法国的历史。我的母亲对于祖国有着坚定不移的热爱，这和她的宗教虔诚不相上下。我的3个弟兄、1个妹妹和我自己对于祖国所感到的深刻的骄傲成了我们的第二天性。"

戴高乐的一生的确是在为着法兰西的伟大而努力奋斗着，这种奋斗时刻伴随着对于祖国所感到的骄傲。从少年起，法兰西已在戴高乐心中处于至高无上的境地了。

 ## 戴高乐的少年时代

戴高乐的偶像

戴高乐除了受惠于父母的言传身教外，还受到一些进步作家和政治家的影响。戴高乐在童年时代，最喜欢诗人罗斯丹的作品。在他10岁生日这天，父亲带他去看罗斯丹的《小鹰》。在剧场中，戴高乐被这台爱国主义的戏剧迷住了，一回到家就说他将来要当兵。后来，他把这位诗人的作品《西哈诺》全都背了下来。

佩居伊是戴高乐青少年时代崇拜的文学家和爱国者，这种崇拜后来毕生不衰。这位严肃而神秘的诗人，深受柏格森的影响，他与柏格森一样对

陈旧思想厌恶之至。他写诗笔法细腻、精巧娴熟，大部分都以圣女贞德为主题。诗中表明他理想中的法国是基督教美德的化身。在这位诗人看来，法国是母亲，她的儿子们的责任就是为她效劳。这个观点完全可以说影响了戴高乐的一生。

戴高乐从小就喜欢博览群书，不仅读罗斯丹的作品，喜欢佩居伊的诗歌，还对获得诺贝尔奖金的法国哲学家柏格森的作品十分喜爱。戴高乐在少年时就朦胧地认为柏格森的作品蕴藏着无穷的智慧，给人以启迪和力量。他曾阅读了这位哲学家的《物质与记忆》和《创造性的进化》等著作。柏格森提倡一种"思念法兰西"的教育和对伟大个人命运的坚定信念。他的观念很快就被年轻的戴高乐所接受，并且成为这位早想脱离凡俗的年轻人心目中武器和旗帜。即使后来，当戴高乐成为军事理论家和政治实践家的时候，他仍常常以柏格森为动力来鞭策自己。

不仅如此，在戴高乐富于幻想的少年时代的成长过程中，历史小说和名人传记也对他产生了巨大的吸引力。在父亲的影响和指导下，他不仅从历史中认识过去，而且也学着从历史中展望未来。为此他阅读了大量的历史作品，尤其对战史和战斗英雄故事十分感兴趣。无论是从阿莱西亚军营到色当军营，从加洛林王朝教育法到著名政治家法鲁的教育法；还是从尤格维尔夫人的武装出征到坚雷公爵夫人的鲁莽行动，从法国古时的盐税改革到当今的国家财产法，他都博闻强记。

年轻的戴高乐无时不为法兰西的民族命运叹息。尤其是对法英战争（百年战争）更是关注异常，并从中得出了血的教训：无论何时，都应以法兰西为第一原则，绝不能拿任何理由去出卖她的利益。

法国作家拉古都尔曾说，戴高乐有两种坚信不移的不可多得的思想：从菲利普·奥古斯特到布朗基（法国革命家、空想共产主义者。曾参加1830年的七月革命和1848年的二月革命，组织过四季社等秘密团体，领导过多次秘密起义。但他不了解组织工人革命政党和依靠广大群众的必要性，认为通过少数革命家的起义和专政，即可推翻旧社会，建立新社会），法国历史是一个整体，法兰西民族也是一个整体；除非出现"分裂主义分子"，否则人人都可以为国效劳。这个评价多少反映了戴高乐的一个基本原则。

戴高乐对法兰西延续性的坚定态度，使他兼容各种学说，他认为排他性只会危害不可分割的民族整体的生命。然而这个民族在戴高乐看来应是坚定的民族！

他后来在《法国和它的军队》里写道："我当圣西尔军校生是为重新夺回阿尔萨斯地区，也是要让法兰西旗帜发出耀眼的光芒！"他实际上在上中学时就认为，为了祖国的振兴和繁荣富强，每一个公民都应作出自己的奉献。

崇敬法兰西精神

戴高乐在童年时，除了爱好书籍，热衷于钻研历史外，就是喜欢玩军事打仗游戏，而且每次他都玩得似乎比谁都认真。一个夏日的傍晚，戴高乐的母亲正在家中忙于晚餐，突然，戴高乐的小弟弟皮埃尔哭着跑回家来。母亲问他出了什么事，他说："夏尔打我了。"母亲连忙追问原因，皮埃尔说："我们玩打仗，我装特务，送情报时被抓住了。我没有执行司令官的命令……""哪个司令官？"母亲急着问。"就是夏尔！"皮埃尔说，"我没有把情报吞掉，我把情报交给敌人了。为此，夏尔把我痛打一顿。"

母亲听了皮埃尔的哭诉，一时间感到哭笑不得。诸如此类的军事游戏充满了戴高乐的童年时代，在这些游戏中显现出了戴高乐对法兰西的无限深情。

还有一次，戴高乐的哥哥格扎维埃由于一直在军事游戏中装扮德国皇帝而感到腻烦了，想换着当一回法国国王。但戴高乐坚决不答应，他生气地喊道："不行！不行！法国是我的！"

从这天真的话语中我们可以看到，戴高乐的爱国主义，从小就孕育在他对法兰西民族的看法上。在他以后写的《战争回忆录》里，开头一句就是"我对法国一向有一种看法"。在他看来，沧海桑田，斗转星移，法兰西经历了无数的岁月，至今仍然生存。法兰西民族经历了无数的世代，饱受坎坷和磨难，但它仍然保持了自己的风貌和精神。因此，法兰西民族具有一种不朽的特性。为了保持这种特性，每一代的法国人都负有承上启下的任务。这从感情上促使他将献身法兰西作为自己崇高的使命。

戴高乐认为，如果法国人不具备这个崇高的目标和正直的胸怀，法兰西就会遭到致命的危险。造成这种危险的过失，在于法国人，而不在于这个国家的天赋。因为法兰西的风貌和精神是永恒的。永恒的法兰西超脱于法国人之上，是法兰西孕育了法国人，而不是法兰西人孕育了法兰西，这种思想在戴高乐的青少年时期就已在心中扎下了根。

正是这种对于法兰西精神的无限崇敬的感情，使少年时的戴高乐坚信，自普法战争以来，法国所受到的外部欺凌只是由于某些法国人的过失造成的，它并不代表法兰西的未来，法国军队在普法战争中的溃败并不代表法兰西的溃败。既然某些法国人的过失给法兰西招致了危险，那么同样，另一些法国人的奋斗就会使法兰西重现光彩，因为法兰西精神是永恒的。也可以说是法兰西精神在少年戴高乐身上的体现，这里面包含着坚定不移的爱国之心和民族感情这个最根本的因素。

戴高乐有3个兄弟和1个妹妹。为了使这么一大家人都能住得下，戴高乐的父亲在多尔多涅河谷买下了一处朴朴素素但颇引人注目的房产，取名"卢瓦尔河别墅"。后来，全家常常到那里去度暑假。每次到"卢瓦尔河别墅"去之前，父亲都要求每个孩子带一本自己最喜爱的书去那里，以便在假期里使孩子们能够增长些知识和打发掉闲时的寂寞。每在此时，戴高乐所选的书籍必然是关于法兰西历史的。一部戴高乐喜爱的法国史书，不知让他浏览了几十遍。

立志从军

戴高乐读5年级时，有一天回家说他已经下决心要当军人了。他面对全家人的惊异目光说道："我打定主意了，我准备考圣西尔，我要当个军人。"戴高乐的这个决定，无疑在家中产生了极大的震动。尽管他的父母对法兰西军队素有好感，但在那个年代，由于许多军官因政府命令去镇压天主教徒的反抗，苦于严守军纪和笃信宗教之间的两难选择，只好离开军队，选择军人为职业的青年已为数不多。1900～1911年，圣西尔军校的考生从1895人减少到871人。人们不再赞扬军队，青年不再崇敬军人，戴高乐却在法国军队正处于困难的时刻，毅然选择准备进入军界。这不能不引起家人的忧思。

戴高乐从小就深受父母的影响，笃信宗教、热爱军队。他在上小学的时候就曾在校刊上撰写短文捍卫神父。不仅如此，他还对有些人指控教皇的士兵唆使青年抛开祖国的事业义愤填膺。他曾引用德维拉尔元帅对路易十四说的一句话："当我是军队首脑时，我从未见过比属于教会组织的士兵更积极、更雷厉风行、更英勇无畏的士兵。"他的这段话，既捍卫了教会的荣誉，又赞扬了军队，同时，又显露出了在凶悍的攻击者面前绝不后退的性格。

那时候，戴高乐在家中十分认真地演出了亚历山大诗体短剧《著名的相会》。当时，兄弟妹妹们都以好奇的眼光看待戴高乐的演出，他们对戴高乐的每一举手一投足都感到好笑。而唯独戴高乐的父亲，却从戴高乐的表演神态中看出了什么，他看着儿子的表演，联想着剧情，已感到"威慑"这词在这个年轻人身上已经萌芽，发现儿子对武力和计谋的运用自如，使得戴高乐父亲深深担忧了起来。以至于这位传统的父亲说出这样的话来："夏尔这孩子聪明，但想入非非……天哪！我宁愿他有3个情妇，也不愿看到他丧失宗教的信仰！"

戴高乐在一生中始终没有放弃宗教的信仰。但是，使戴高乐成为伟人的却是军事思想，因为这其中充满了拯救法兰西的方略。曾跟随戴高乐23年之久的奥科维埃·吉夏尔说："夏尔·戴高乐对宗教的信仰是无懈可击的，然而是军事思想培育了这颗伟大的心灵，造就了这位巨人。"

从许多材料来看，戴高乐所以决定从军，主要是受"复仇主义和爱国思想驱使"。法国在被普鲁士打败后的25年间，整个法国热爱军队，把它比作一切希望所在的"圣约柜"。百姓应征入伍，热血青年云集于圣西尔军校。当时著名的法国作家阿纳托尔·法朗士就曾大声疾呼："如果人类社会里有人人都赞赏的神圣的东西，那就是军队。"

可是，在戴高乐立志从军之时，无论从报刊上还是在大学里，都开始了反对军国主义的漫长的历程。个人主义者、人道主义者、无政府主义者都嘲笑复仇，"不再为阿尔萨斯——洛林沦陷而悲伤"。就在这种情况下，戴高乐仍坚持从军的志愿，其力量源泉是什么呢？

首先，戴高乐家族的传统深深影响着他。先辈们为了法兰西的命运，不惜流血牺牲的精神从小就一直感染着他。

其次，从父母的言谈举止中，从父母对每一事件的看法中，以及从父母的书库中，戴高乐都找到了根据。例如在父亲的藏书中就有：

除此之外，更重要的是：普法战争失败以后，屈辱引起了法国社会各阶层民族意识的爆发。学校和军队接到的使命，是重新锤炼法兰西的灵魂。

"我们就是要使这种对祖国的信仰、这种既热烈又深思熟虑的崇拜和爱，渗透到儿童的心灵和头脑里，并使之深入骨髓。这是国民教育要做的事。"这是保尔·贝尔1882年发表的意见。

因此，军队在其军服和检阅周围凝聚了所有法国人几乎共同的尚武的爱国热情。通过义务的学校及从1889年起也成为义务的兵役，1880～1914年间的几代法国人都被爱国理想所渗透，戴高乐从小就在内心根植了这种理想。尽管在他立志从军时形势发生了一些变化，但他的理想却没有变。

有一天，戴高乐甚至将自己乔装打扮一番，然后去敲自己家门，冒充"费德尔布将军"来访。费德尔布是法兰西第二帝国时期的将军，法国在普法战争中打了败仗，但传说费德尔布将军率领的军队从未打过败仗。1895年，费德尔布又成了塞内加尔的征服者。这位与戴高乐的母亲同为里尔人的"常胜将军"，在戴高乐家中常是餐桌上的谈话中心之一。少年戴高乐将自己装扮成全副武装的费德尔布将军，事出有因，充分显露了军人在戴高乐心中的形象和地位，以及他选择这一职业的决心。

法国为了复仇，在70年代就进行了军队改组，实行了义务兵役制，期限5年，1889年减为3年。到19世纪末，法国已拥有军队60多万人，即比70年代多出20万。战争的阴云越来越浓了，任何一个火星都足以引起燎原战火。

戴高乐在战争阴云下是什么心境呢？他后来追述道："我必须承认，当我在青年时代想起这一场不可知的冒险时，心中不但没有恐惧，而且还暗自赞美了一番。总之，当时我毫不怀疑法国将要经历一场严重的考验，我认为人生的意义就在于有朝一日为它立下丰功伟绩，而且相信我将来一定能够获得这个机会。"

为了获得这个机会，为法国立下丰功伟绩，戴高乐选择了军人为职业。

1907 年，由于政府的反教权政策，戴高乐父亲执教的沃吉拉尔教会学校关闭，戴高乐被送到法比边境比利时一侧的安托万中学，这是由流亡的法国天主教徒办的中学。1908 年，戴高乐又转回巴黎斯塔尼斯拉斯学校。

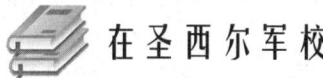 **在圣西尔军校**

为进入圣西尔军校努力

由于生性好动，童年的戴高乐并不看重学校的学业，除了他喜爱的文学和历史之外，学习成绩总是平平。直到他 14 岁，明确表示要报考圣西尔军校时，才接受父亲的警告——不努力学习，就别想考上圣西尔——认真对待学业。因为事情是明摆着的，光凭文学和历史，是考不上圣西尔军校的。

转眼戴高乐中学快毕业了，他已经下决心要当军人了。他再次对父母坚定地说："我打定主意了，我准备报考圣西尔军校，我要当个军人。"因为他"暗中充满希望地期待着军队起举足轻重作用的日子将会来临"，他选择的虽然是军人职业，但他心目中实质上是在选择法兰西，他必须到军队中去寻找法兰西。

当时的戴高乐认为，在国势日衰的情况下，投笔从戎是报效祖国的最好的方式。既然选定军人这一职业，那么就要为此而努力奋斗了。年轻的戴高乐终于埋下头来开始认真温习课程。为了排除一切干扰，他在巴黎独自准备了圣西尔的入学考试。待到考试结束后，年轻的戴高乐就整日地处于一种焦急的期盼中。

戴高乐由于心中充满了对法兰西的无限爱意，使得他少年时就崇拜民族英雄，诸如百年战争中的法兰西女英雄贞德、第一帝国时的拿破仑等等都是他极力奉为楷模的人物。他在少年时，经常被法兰西历史上的这些杰出人物所震撼，这些民族英雄促使他奋发向上、积极进取，并时刻地使他感受到了法兰西的召唤。也正是由于法兰西精神的感化，使他最终选择了从军这一行当。

在戴高乐幼小的心灵中，或许认为，只有军队才是拯救法兰西脱离苦海的唯一工具；也只有军队，才能彻底洗刷掉德国强加给法兰西的一切耻辱。所以，戴高乐愿意把自己的余生贡献给军队，让军队去换取法兰西的伟大！

1909年8月，多尔多涅河谷的风景如画：山峦起伏、林木葱茏、泉水叮咚。一天，戴高乐正在"卢瓦尔河别墅"中百无聊赖地翻看着一部法国史，突然，邮差给他送来了圣西尔军校的录取通知书。面对这一喜讯，年轻的戴高乐简直无法抑制他的激动心情。一想到自己就要成为一名法兰西的军人，将来指挥着士兵去冲锋陷阵，他就心潮起伏，特别是一想到自己将在战场上向"宿敌"德国复仇，他就更加不能自制了。他拿着通知书，就如同拿着一张军事命令状一样，恨不得立即就去圣西尔，在圣西尔使自己真正成为一名法兰西的捍卫者。

戴高乐步入圣西尔军校之时，欧洲"武装和平"的局面结束了，代之而起的是帝国主义列强为争夺世界霸权、重新分割世界的帝国主义战争。

如鱼得水的军校生活

按照新规定，圣西尔军校录取的新生进校前必须当兵一年。戴高乐这一年是在驻阿腊斯的第33步兵团9连度过的。阿腊斯是法国北方的一座小镇，距离比利时边界不远，离著名的敦刻尔克港也很近，战略地位较为重要。虽然当地景色秀丽、气候宜人，可是年轻的戴高乐却不喜欢那种繁琐枯燥的军营生活。日复一日的"挺胸！收腹！再挺一些！再挺一些！头抬高！下巴往里收！动作快！动作快！"操练使得年轻的戴高乐感到腻味透了。不仅如此，在军事操练以外，长官安排给戴高乐的活计也只是诸如削土豆之类的杂勤。

种种不如意,使得年轻的戴高乐简直就要无法忍受了。幸好镇内有一座图书馆,它坐落在古修道院里。修道院恬静古朴,再加上图书馆中藏有大量的图书,使得戴高乐一有空闲时间就往那里跑;只要一坐在馆中,他就感到了心灵的慰藉。

由于年轻的戴高乐不热心于军营生活,尤其是乏味的杂务,使得当时的连长不太喜欢这位年轻人。当有人问他为什么不把戴高乐提升为中士时,上尉连长答道:"我怎么能把这样的小伙子升为中士?他只有当上大元帅才会称心如意哩!"从连长的话语中,我们也可以看出,年轻的戴高乐决不会满足于日复一日的操练和削土豆生活,他的志愿不在于此。

这个勤奋好学的年轻人早就选定了军人这一职业,但直到进了圣西尔军校他才感到如鱼得水,十分自如。在圣西尔,年轻的戴高乐十分引人注目,这不仅由于他身材奇高,而且还得力于他的性格和超凡的记忆力。平常同学们很少称呼他的名字,都叫他"大夏尔"、"公鸡"、"芦笋"。除了关于他身材的绰号外,还有一个取笑他的大鼻子的绰号——"西哈诺"。因为戴高乐一直喜欢罗斯丹作品中的"西哈诺",所以并没有因此而感到不悦。有一次,同学们还开他的玩笑,让他站在桌子上,背诵了一段《西哈诺》。1912年,在学校的一次演出中,他曾装扮成小丑,表演了一个杂技节目。还有一次,在圣西尔为庆祝"胜利日"而组织的歌舞演出中,他扮演了"乡下的未婚夫"。

在圣西尔军校,年轻的戴高乐还时常向同学们发表一些关于法兰西命运的讲演。在这些讲演中,他追溯了大量的历史事实和年代日期,记忆力令人惊异。他在练习本上摘录了维克托·雨果的一段话:"风格简洁,思想精确,遇事果断。"十分显然,年轻的戴高乐是严格地以此为座右铭的。

戴高乐进入圣西尔军校不到一年时,又发生了第二次摩洛哥危机。1911年4月,摩洛哥爆发了反对国王和法国殖民统治的人民起义。法国借口维持"秩序"和保护侨民,派遣军队占领摩洛哥首都非斯。德国决不容忍法国独吞摩洛哥,7月派炮舰"豹号"驶进摩洛哥的阿加迪尔港。"豹的跳跃"使德法战争有一触即发之势。英国不愿德国在大西洋得到海军基地,决定支持法国。

英国宣称,一旦法国受到攻击,英国将站在法国方面作战。德国也没有作好战争准备,暂时让步。9月,法德协定缔结,德国承认摩洛哥为法国的保护国,法国将法属刚果的一部分割让给德国。德国认为这一协定对它极为不利,因此第二次摩洛哥危机后,德国与英、法之间的矛盾更加尖锐。

在这样的一个历史时刻,1912年10月1日,仅仅22岁的戴高乐终于结束了在圣西尔的军事学业,军衔是少尉。他在毕业考试中名列第13名。

戴高乐与贝当

毕业后,戴高乐按照学校的规定,可以任选一个团供职。他选中了当年熬过一年见习生活的第33步兵团。于是,他回到了阿腊斯。那时,团长已经换人,新任团长为菲利普·贝当上校。

一天,团长贝当在斯卡贝河岸上给他手下的军官们讲解火力的重要性。他的观点在当时的总参谋部里算是"先进的",因为大部分人仍然认为刺刀比枪炮优越。贝当在讲到孔代王子的一次演习时,年轻的戴高乐立即打断了他的话头,指出蒂雷纳元帅是用炮火压倒孔代而拯救了阿腊斯的。戴高乐的插话立即引起了团长贝当的好感。贝当挽起了戴高乐的胳臂,离开了其他军官,一个劲地和他讨论起孔代和蒂雷纳两人各自的长处。

这是戴高乐首次受到贝当的青睐,也是他们之间最初的交往。这种交往后来发展成为一个高级军官和一位有才华的年轻门徒之间的友谊。但是,随着时间的推移,两人最终分道扬镳了。这里不妨让我们看看戴高乐与贝当关系的演变,从中可以清楚地看到:戴高乐在涉及到法兰西尊严的问题上,不仅在青少年时就毫不含糊,而且日益增强。

戴高乐早年曾多次受到贝当的赏识和庇护。在圣西尔军校毕业10年后,戴高乐曾考入法国最高军事学院。一进入这所军事学府,他就与当时的院长穆瓦朗上校在军事理论上有重大分歧。

穆瓦朗认为炮火最利于防御;而戴高乐则主张军事行动在于进攻,机械化程度的提高将改变战争的静止形态,战争的主要形态将是运动战。1924年6月,戴高乐接受结业考核,他在战术演习中为了证实自己的战术思想,指挥"蓝军"高速机动部队发动闪电进攻,把"红军"打得一败涂地。实际上等于打垮了穆瓦朗的消极防御理论。

　　穆瓦朗对于锋芒毕露的戴高乐深为不满,由他签署的对戴高乐的评语结尾部分是:"过分自信,好对上级的意见吹毛求疵,而且举止俨然像个流亡的国王……"。结业后,戴高乐没有当上作战参谋,而是被分到莱卤区掌管驻军的冷藏库。这对于自命不凡的戴高乐不能不说是一个沉重的打击。对此,戴高乐只能忍气吞声。到职之前,他前往总司令部拜谒贝当。见面之后,贝当向他允诺两件事:要在总部为他安排合意的职位,并且总有一天要同军事学院那些人算帐。

　　1925年10月,掌管冷藏库将近一年的戴高乐已经心灰意冷,打算离开军职。突然贝当下令委派他到总部担任参谋,从而兑现了第一个允诺。再过一年多,贝当决定帮助戴高乐公开羞辱军事学院的保守,他是绝不允许他的得意部下受到他人羞辱的。贝当命令新上任的军事学院院长埃兰布置了由他亲自主持的学院军事理论讲座。戴高乐运用他的伶俐口才,滔滔不绝地连续讲了3次。由于讲座带有法国三军首脑贝当的权威印记,使那些受辱的教授更加难堪,戴高乐就显得格外出人头地了。从这里我们可以看出,贝当对戴高乐的栽培是何等用心。贝当十分欣赏戴高乐,这在当时军界是有目共睹的。那么,戴高乐对贝当又是如何看的呢?贝当这位"凡尔登英雄"也的的确确曾使戴高乐衷心崇拜过。戴高乐与人谈到贝当,总是用膜拜的口吻说:"他可是个伟人哪。"这种看法一直延续到30年代中期。

　　后来大概是由于贝当在任陆军部长期间、在提高法军抗击德军的能力方面毫无作为,而当时德军却正在努力实现现代化并准备大举进攻;加之贝当和戴高乐在关于坦克部队在未来战争中的作用问题上产生分歧,贝当没有让戴高乐充任他的幕僚,使得戴高乐对贝当的评价发生了变化。戴高乐再谈到这个前辈时,已失去了青年时的膜拜口气,常常以一种沉思与幽默的语气说:"他从前可是个伟人哪。"

　　两人关系发生实质性的变化是在第二次世界大战爆发后。1940年6月14日德军攻入巴黎。2天后,贝当出面组成法兰西第三共和国的第19届政府,向纳粹希特勒递交求和书。7月11日,贝当粉墨登场,担任维希卖国政权的"总统"。戴高乐则飞往伦敦领导自由法国运动,组织反对希特勒德

国和解放法国的战斗。从此，戴高乐和贝当彻底分道扬镳、水火不容。

以后，维希政权的伪军事法庭曾对戴高乐进行了缺席审判，经贝当批准，判处他死刑。戴高乐闻讯后，怒火中烧地斥骂贝当说："贝当是卖国贼，我要枪毙他。"1944年8月24日巴黎解放。戴高乐忽然接到贝当托人转来的信，表示希望"所谓善良的法国人"言归于好。戴高乐未予答复。这就是两人关系决裂的过程。

然而，在戴高乐年轻之时，两人的关系的确不错。有一件事很能说明两人关系的融洽。那是1913年法国国庆日那天，贝当下令禁闭戴高乐，因为正当团长贝当骑马检阅他的部队时，戴高乐竟让部队解散了。戴高乐认为自己是代人受过，但也无可奈何，只得眼看着这个星期天不能像往常那样到巴黎去了。可是贝当在最后一刻取消了一切处分，这或许是贝当不忍心让他心爱的下级年轻军官独自在禁闭房中度过一个周末吧。戴高乐一口气跑到车站，跳上了刚刚开动的火车。他走进一间包厢，那里已经坐着一个穿便服的中年人，此人正是贝当。

"啊，小伙子，你差一点儿赶不上车了？"贝当说。

"是啊，上校。不过，我想我准能赶得上。"戴高乐答道。

"可是你那时还关着哩！"

"那倒不假。但既然处罚不公，我相信你一定会撤销的。"

参加一战

1913年10月，23岁的戴高乐晋升为中尉。当时，世界的形势又是怎样的呢？欧洲大陆又给这位年轻的中尉提供了一个什么样的施展才华的场所呢？此时，完全可以肯定地说，法、英两国与德国之间的矛盾更加尖锐了。巴尔干战争虽然使巴尔干半岛上各族人民摆脱了土耳其的压迫，取得了独立和统一，但巴尔干的局势更加复杂化了。

保加利亚不甘心第二次巴尔干战争的失败，要求修改布加勒斯特和约，并积极投靠德、奥集团，准备"复仇"。奥匈也竭力拉拢保加利亚，作为削弱塞尔维亚、推行它在巴尔干的扩张政策的工具。塞尔维亚、希腊、罗马尼亚想积极维护布加勒斯特和约，三国关系日益紧密。沙皇俄国则力图加以操纵利用。法英两国也在暗中支持沙皇俄国插手巴尔干事务。到年轻的戴高乐任中尉时，巴尔干已成为帝国主义矛盾的焦点和欧洲的火药库。

戴高乐密切地注意着局势的变化，这不仅由于他从少年时就关注着法兰西的命运，而且还由于他驻扎的阿腊斯临近北部边境，更容易亲身感受到来自外部的战争威胁。那时，戴高乐手下的士兵们多是北方人，有加米海峡省的矿工，有来自塔尔德努瓦、蒂埃拉舍和瓦兰西昂努瓦等地区（法国共有95个省，省以下为市镇。省以上还有19个地区，是由历史或自然情况形成的，不是行政单位）的农民。这些士兵粗犷强悍、自尊心强、吃苦耐劳、喜怒之情常常猛烈地迸发出来。这样的士兵倒使戴高乐十分中意，官兵关系非常融洽。在日益严峻的形势下，戴高乐要求士兵们加紧训练，随时准备应付可能发生的突然事变。

不久，历史终于给年轻的戴高乐一个机会，让他参加了一场世界性的大战。戴高乐从不到19岁从军入伍，到走上战场，仅仅在军队中磨炼了不到5个年头。在这几年中，年轻的戴高乐渐渐地成熟了起来。他从一个对军事一无所知的毛头小伙子，慢慢地成长为一名出色的下级军官。这期间，严肃的军旅生活为他提供了丰富的克服困难的本领。

戴高乐受他祖辈的影响，从小就对舞文弄墨感兴趣，他喜爱诗歌、戏剧、小说、历史。儿时就在他充满幻想的幼小心灵里，经常尽情施展指挥百万大军的才华，但也时时不忘饱览群书，并常常动手，做些文字尝试。也许连他自己也没有想到，这种儿时文武结合的志向和爱好，一直伴他度过了整个人生历程，使他最终成为一名军事家。

如果说，从武的方面看，作为职业军人，戴高乐只不过是个身经数战的将军，平淡无奇；那么，以文的方面看，作为职业军人，戴高乐坚定了志向、显示了才华、磨炼了性格、选择了道路。关于这个问题，戴高乐将军以后的一生充分证明了这一点，青少年时期戴高乐的每一步，都为以后他在世界政治舞台上展示才华奠定了扎实的基础。

贫农元帅——朱可夫

 苦难的童年

贫穷的父母

格奥尔基·康斯坦丁诺维奇·朱可夫于1896年12月2日出生在莫斯科西南卡卢加省的斯特列尔科夫卡村。当时,朱可夫家的房子坐落在村子的中央。房子很破旧,其中一个角落已经深深地陷进地面。房子的墙壁和屋顶上有时还长满了绿苔和青草。朱可夫一家就挤在这间开着两扇窗户的屋子里。

朱可夫的父亲也是穷苦出身,仅3个月的时候就被母亲丢弃在孤儿院门口,身上有一张纸条,上面写着:"我的儿子名叫康斯坦丁"。为什么这个妇女把自己的孩子丢给孤儿院,这是无法知道的。她这样做,不是因为不爱自己的儿子,而是因处境艰难、走投无路的缘故。

朱可夫的父亲2岁时,被一位名叫安努什卡·朱可娃的寡妇领回家。她无儿无女,孑然一身。为了弥补生活的孤寂,她就从孤儿院领养了朱可夫的父亲。养母去世以后,朱可夫的父亲刚满8岁,他到乌戈德厂村去跟一位皮匠学手艺。学徒期间,他主要是干家务活、给老板看孩子、放牛放马等等。就这样,他当了大约3年的学徒。"出师"以后,他又到别的地方去找活干。他步行到莫斯科,终于在维伊斯制鞋厂找到了工作。1905年事变后,

朱可夫的父亲和许多工人一道，由于参加示威游行被工厂开除了，并被逐出莫斯科。从那时起直到1921年去世，他就再也没有离开斯特烈尔科夫卡村，一直在村子里干皮匠活和农活。

朱可夫的母亲叫乌斯季妮娅·阿尔捷米耶芙娜。她出生于邻村——乔尔纳亚河附近的格里亚齐村一个很穷的人家。她也是在那里长大的。朱可夫的父亲和母亲结婚时，母亲35岁，父亲已经50岁了。他们两人都是第二次结婚，都是在第一次结婚后不久就丧偶的。

朱可夫的母亲身体很强壮。她能毫不费力地扛起一大袋粮食走很远一段路。据说，她身强力壮，是因为她父亲——朱可夫的外祖父阿尔捷姆的遗传影响。朱可夫的外祖父能钻到马肚子下面把马顶起来，还能攥住马尾巴，一把将马拉得蹲坐到地上。

由于家境贫穷，朱可夫的父亲干皮匠活挣钱又很少，母亲不得不另外找些活干。每年春天、夏天和早秋，她在地里干活；晚秋，她就到县城——马洛亚罗斯拉维茨去，替别人把食品杂货送到乌戈德厂村的商人那里。

朱可夫的母亲毫无怨言地干着。为了不饿死，村里及周围村庄的许多妇女也都是这样干。她们把年幼的孩子丢给步履艰难、年事已高的奶奶、爷爷照管，自己不顾道路泥泞，也不管天寒地冻，外出为别人从马洛亚罗斯拉维茨、谢尔普霍夫等地运货。

朱可夫所在村大多数农民的生活都很苦。他们的地又少又贫瘠。田间劳动主要是由妇女、老人和孩子们来干。男人们则去莫斯科、彼得堡等大城市做零活，但他们也挣不了几个钱。

像朱可夫这些贫农家的孩子们，都亲眼看见过自己的妈妈日子过得多么艰难。每当见到她们流泪时，孩子们也很难过。而每当她们从马洛亚罗斯拉维茨给孩子们带回来一点小面包或是甜饼干时，他们又是何等地高兴啊！如果能积攒点钱在过圣诞节或是复活节时给孩子们买点大馅饼，那他们更是高兴得不得了。

当朱可夫5岁、他姐姐玛莎7岁那年，妈妈又生下了弟弟，名叫阿列克塞。他很瘦，全家人都担心他活不长。妈妈一边哭一边说："孩子怎么能长

得胖呢？光靠水和面包行吗？"

朱可夫的妈妈坐月子后才几个月，就又决定到城里去挣钱。邻居们都劝她在家照料孩子，因为孩子还很瘦弱，需要吃奶。但是，饥饿威胁着全家，她不得不到城里去挣钱，只好把阿列克塞留给朱可夫他们照看。结果，阿列克塞没有活多久，不到1岁就死了。朱可夫和姐姐都为阿列克塞的死感到很悲痛，更不用说父亲和母亲了。他们常常到阿列克塞的墓上去。

朱可夫5岁那年，朱可夫家遭受了一场灾难：屋顶因年久失修倒塌了，全家不得不迁移。朱可夫的父亲说："必须离开这里，否则我们都要被砸死。现在天气暖和，我们可以住在草棚里。至于以后，到时再说吧。说不定会有人租给我们一间暖房或谷仓。"

朱可夫的母亲当时就哭了。她对孩子们说："咳，没有法子啊。孩子们，搬吧，把所有破烂都搬到草棚去吧。"朱可夫的父亲垒起一口小灶，一家人就在草棚里住下来。

过了一段时间，朱可夫的父亲用很便宜的价格，而且还是用分期付款的办法买到少量木料。邻居们帮助朱可夫家运了回来。还不到11月，房子重新盖好，房顶是用麦秸盖的。

朱可夫的母亲说："没什么，暂时就这样住吧。等我们有了钱，再盖好的。"

单从外表上看，朱可夫家的房子就比别人家的差。门是用旧木板钉的，窗户上安的也是破玻璃。但是，朱可夫一家人却都很高兴，因为在冬天来临时，朱可夫一家总算有了一个温暖的栖身之地了。至于拥挤，那就像人们说的，宁受挤，不受气。

1902年秋，朱可夫已经7岁了。这年冬天来得比往年早，朱可夫一家的日子十分艰难。收成不好，打下的粮食只能吃到12月中旬。朱可夫的父亲和母亲挣的一点钱，买点盐和面包，再加上还债也就没有了。这时多亏了邻居们，他们常常给朱可夫一家送点稀粥或是白菜汤喝。在农村，这样的相互帮助并不少见，这是生活在艰难困苦中的俄罗斯人友好团结传统的体现。

勤劳的小朱可夫

朱可夫特别喜欢到米哈廖夫山间的普罗特此河去捕鱼。到那里去的路，当时要穿过一段茂密的椴树丛和一片迷人的桦树林。林子里有许多草莓和野杨梅。夏末，遍地都是蘑菇。附近的农民都到林子里来剥树皮做鞋，他们把这种鞋叫做"出门穿的方格鞋"。

夏季的一天，朱可夫的父亲对朱可夫说："你已经长大了，很快就满7岁了，该干点活了。我像你这么大的时候，已经顶一个大人干活了。明天我们去割草，你带上耙子，和你姐姐玛莎一起摊草、晒草、垛草。"

朱可夫很喜欢割草，大人也常常带他去。但是，这一次去和以前可就不一样了，不是为了去玩。现在他是去参加劳动，已经成了一个对家庭有用的人，他为此而感到自豪。一路上看到和他同年的小伙伴们，也都拿着耙子坐在大车上去劳动。

朱可夫干活很带劲，听到大人们夸奖他甭提有多高兴了。但是，在干活中大概是由于用力过猛，朱可夫的两个手掌上很快都打上了血泡。朱可夫怕说出来难为情，也就没告诉大家，并极力坚持干活。血泡终于破了，朱可夫不能再用耙子搂草了。朱可夫的父亲对朱可夫说："没关系，慢慢会好的！"他用破布把朱可夫的两只手包扎好，这以后的好几天，朱可夫都不能使用耙子，而只能帮助姐姐抱草和垛草。为此，有些小伙伴取笑朱可夫。但是，几天以后朱可火又参加到割草的行列，而且干得并不比别人差。

收割的季节到来了。朱可夫的母亲对朱可夫说："孩子，你该学学收割庄稼了。我在城里给你买了一把新镰刀，明天早晨我们就去割黑麦。"

刚开始干活时，朱可夫割得不坏，但很快他又倒霉了，朱可夫想在大家面前炫耀一下自己，就急急忙忙往前割，结果一不小心，镰刀割破了他左手的小拇指。朱可夫的母亲吓坏了，就连朱可夫自己也很害怕。当时朱可夫家的邻居普拉斯科维娅大婶正在旁边，她摘了一片车前草的叶子，贴在朱可夫的手指上，再用一条破布把它紧紧包扎好。多少年以后，朱可夫的左手小拇指上还是留下一块伤疤，使他常常想起少年时代家庭的艰苦生活。

小学生朱可夫

1903年秋季临近了。对朱可夫来说,这是一个重要的时刻。和朱可夫同年的孩子们都在准备上学,朱可夫也在进行准备。朱可夫借他姐姐的书用心学习认字。朱可夫要进的是一所教会学校,位于维利奇科沃村,离朱可夫家有1.5千米的路程。附近4个村——雷科沃村、维利奇科沃村、斯特烈尔科夫卡村和奥古比村的孩子们都在那里学习。

有些孩子背着父亲给他们买的背囊式书包到处炫耀。朱可夫和科洛蒂尔内背的不是这种书包,而是用粗麻布缝成的布袋。朱可夫对母亲说,只有要饭的才背这种布袋。朱可夫不愿背它上学。朱可夫的母亲说:"等我和你父亲挣到钱,一定给你买个书包,现在你就先用这布袋去上学吧。"

就这样,朱可夫的姐姐领着他去上学。当时朱可夫的姐姐已经是2年级的学生了。朱可夫班里一共有15名男生和13名女生。到学校,老师和学生相互认识以后,就给学生们安排座位。女生坐在左边,男生坐在右边。朱可夫很想和他的好朋友科洛蒂尔内坐在一起,但老师没有同意,因为科洛蒂尔内连一个字母都不认识,而且个子又矮,所以,科洛蒂尔内被分在第一排,而朱可夫则坐在最后一排。科洛蒂尔内对朱可夫说,他要努力学习,争取早日学会所有字母,这样他们两人就能坐在一起了。但是,他俩的想法未能如愿。科洛蒂尔内的学习经常落后,常常因为功课不好,放学后还要被留下来补课。不过他是一个很老实的学生,从来没有埋怨过老师。

朱可夫的姐姐学习成绩也不好,在上2年级时留级一年。朱可夫的父亲和母亲决定不再让她上学,要她在家里做家务事。姐姐玛莎伤心得大哭起来,申辩说这不是她的过错;她之所以留级,是因为母亲外出干活,让她在家里照看阿列克塞而缺课太多的缘故。朱可夫也替姐姐讲情,说别人家父母也干活,也外出找活干,但谁也没有不让自己的孩子上学,何况姐姐的女友们也都在继续上学。经过姐弟两人的争取,朱可夫的母亲终于同意让玛莎继续上学。玛莎很高兴,朱可夫也为姐姐感到高兴。

朱可夫和姐姐很心疼母亲。他俩幼小的心灵已经能理解母亲的生活是很艰辛的,而且,朱可夫的父亲当时在莫斯科做工,但给家寄钱的次数很少，数量也少得可怜。以前，朱可夫的父亲每月给家里寄回来两三个卢布，可最近有时就寄回来1个卢布，有时连1个卢布也收不到。邻居们说，不只是朱可夫家是这样，其他在莫斯科做工的人挣的钱也少了。

朱可夫记得，1904年年底，父亲回来了。朱可夫和姐姐高兴极了，一心盼着父亲能从莫斯科给他们带回来一些小礼物。但是，朱可夫的父亲说，他这次什么也没给捎回来。因为朱可夫的父亲是直接从医院回来的，他在那里割了阑尾，手术后又住了220天医院，所有钱都花光了，就连回家的车票还是向人借钱买的。

村里人都很尊敬朱可夫的父亲，愿意听他的意见。在村里的小集会上，通常都是由他来作最后发言。朱可夫很爱他父亲，父亲也非常喜欢朱可夫。但是，朱可夫的父亲有时也因为某种过错严厉地惩罚他，甚至用皮带打朱可夫，要朱可夫求饶。但是，朱可夫从小就很倔强，随父亲怎么打，朱可夫也不求饶。

有一次，朱可夫的父亲因事狠狠地抽打他，他就从家里跑了出去，在一个邻居家的大麻地里藏了3天3夜。除朱可夫的姐姐外，谁也不知道朱可夫躲在哪里。朱可夫和姐姐说好了，让她不要告诉任何人，并且给朱可夫送吃的。人们到处找朱可夫，但他隐藏得好，没有被找到。后来，一位邻居偶然发现了朱可夫，就把他领回了家，父亲对朱可夫说还要揍他一顿，但后来还是心疼，也就原谅了朱可夫。

朱可夫教母的一个兄弟，叫普罗哈尔，他的一条腿不太好，人们就叫他瘸子普罗什卡。普罗哈尔虽腿瘸，却非常爱好打猎。夏天，他打野鸭，冬天就打野兔。当时，那里野鸭、野兔特别多。普罗哈尔经常带着朱可夫去打猎。打猎使朱可夫得到了极大的快乐，尤其是普罗哈尔打中了朱可夫从树林里赶出来的野兔时，朱可夫更是高兴。要打野鸭，他们就到奥古勃梁卡河或者湖区去。普罗哈尔往往是百发百中。朱可夫所干的事就是下水捡鸭子。朱可夫从那时直到年老，都非常喜爱打猎。这大概与普罗哈尔在朱可夫童年时就培养起了朱可夫的打猎兴趣有关。

 作坊里的小伙计

学徒生涯的开始

1908年7月,米哈伊尔·阿尔捷米耶维奇·皮利欣来到了邻村——乔尔纳亚-格里亚齐村。他是朱可夫的舅舅,11岁时被送进毛皮作坊当学徒。4年半以后,他当了师傅。米哈伊尔非常节俭,几年内积攒了一笔钱,自己开了一个小作坊。他成了一个出色的毛皮匠兼皮货商人。许多有钱的人都订他的货,他就狠狠地敲榨他们。皮利欣逐步扩大自己的作坊,除雇用8名毛皮匠外,还有4名固定学徒工。他残酷地剥削他们,积攒了大约5万卢布的资本。

朱可夫的母亲央求她的这位兄弟收朱可夫当学徒。到莫斯科去的准备工作很简单。母亲给朱可夫包了2件衬衣、2副包脚布和1条毛巾,还给了朱可夫5个鸡蛋和几块饼,准备给朱可夫在路上吃。全家为朱可夫祈祷以后,又按照古老的俄罗斯习惯在长凳上坐了一会儿。然后,母亲对朱可夫说:"好孩子,愿上帝保佑你!"说完,她就紧紧把朱可夫搂在怀里,伤心地大哭起来。朱可夫看见父亲的眼圈也红了,泪水忍不住地往下流。朱可夫自己也差点哭出声来,但最后还是忍住了。

当朱可夫和谢尔盖叔叔坐上火车出发时,天空下起了瓢泼大雨。车厢里很暗。他们坐在三等车厢,而狭窄的过道里只有一根小蜡烛所发出的弱光。天亮时,朱可夫他们到了莫斯科。谢尔盖叔叔对朱可夫说:"你看,这就是你以后住的房子。院子里是作坊,你将在那里做工。正门从卡美尔格尔胡同进,但是,师傅和学徒只能从后门、从院子里进。"穿过一个大院,朱可夫和谢尔盖来到正在干活的工人跟前,和师傅们打招呼问好。谢尔盖叔叔把朱可夫领到一边,把每一位师傅和学徒的名字告诉了朱可夫,并把他们对朱可夫作了介绍。随后,他们爬上昏暗而又肮脏的楼梯,来到二楼

作坊办公室。老板娘走了出来。她先和他们打招呼,接着说:"老板现在不在家,但很快就会回来。"她对朱可夫说:"走吧,我带你去看看房间,然后到厨房去吃点饭。"

学徒工的头库齐玛叫朱可夫到厨房去吃饭。当时,朱可夫饿极了,就大口大口地吃起来。但是,朱可夫又碰上了一件倒霉的事。原来这里有个规矩:开始吃饭时,只能从公共菜盆里舀菜汤喝,不能捞肉吃,只有饭快吃完了,等到女工头敲两下菜盆以后,每个人才可以夹一小块肉吃。而朱可夫刚来还不知道这个规矩,上去就捞了两块肉,并且得意地一口就吃下去了。就在朱可夫正要去捞第三块肉的时候,脑门上突然挨了重重的一勺子,前额上立刻就鼓起了一个包。库齐玛对朱可夫说:"没关系,挨了打就忍着。一次打,二次乖,下回你就学精了。"库齐玛还领着朱可夫到附近的小店铺去认路,因为今后朱可夫要常去这些地方为师傅买烟打酒。女厨师(兼女工头)玛特丽莎告诉朱可夫怎样洗餐具,如何生茶炉。

第二天一早,朱可夫被安排坐在作坊的一个角落里,开始学习缝毛皮。女工头把针、线和顶针给了朱可夫。她开始教朱可夫缝皮技术,并且为朱可夫做示范动作,并且告诉朱可夫,如果有什么地方不会缝,就可以找她。就这样,朱可夫开始了最初的劳动。刚开始时,朱可夫总是感到很累。对于很晚才睡觉,朱可夫也不习惯,因为在乡下一般睡得很早。但是,过了一段时间朱可夫就慢慢习惯,并能担当起每天繁重的劳动了。

刚来到莫斯科,朱可夫很想念农村、想念家人。他经常回想起常玩的小树林,和普罗哈尔一起在那里打猎,同姐姐一道去那里摘野果、采蘑菇、拾柴火。每当回想起这些,朱可夫心里就感到难过,就想哭。朱可夫心里还想,也许永远看不到母亲、父亲、姐姐和朋友们了。因为学徒们要到第四年才给几天假回家看看。而朱可夫觉得,这段时间太长了,并担心假期不会到来。

很快,一晃过去一年了。朱可夫当学徒工的第一年中遇到过很多困难。但是,他不怕吃苦,勤学苦练,很顺利地学到毛皮匠这一行当的初步手艺。虽然常常因为一点点小错,老板就狠狠地打朱可夫一顿。除挨过老板的打以外,他还挨过师傅的打、女工头的打、老板娘的打。特别是当老板不高

115

兴时，最好不要遇见他。不然，有时会无缘无故把你狠揍一顿，打得你耳朵一整天都嗡嗡地响。老板有时也让两个做错了事的学徒用一种抽打皮子的树条互相抽打，老板自己站在一旁叫喊："狠狠抽，使劲打！"学徒们也只好在心里忍受着。

朱可夫也知道，老板打学徒是屡见不鲜的，——这是法规，这也是制度。老板认为，学徒是完全听任他支配的，永远也不会有人因为他打了学徒、因为他对年幼学徒们的非人待遇而向他问罪。在事实上，也没有人问过朱可夫他们是怎样工作的，吃得怎么样，生活条件怎么样。对于工人们来说，老板就是最高的法官。在当时，沙皇政府统治下的俄国，整个工人阶级都生活在水深火热之中，每个人的身上都套着沉重的枷锁，这种枷锁就连成年人也不一定能承受得了的，何况对那些孩子。

继续学习

当朱可夫年满13岁时，他已经在作坊里学会了许多东西。虽然，作为学徒工很忙、很累，但朱可夫仍然想办法挤出一些时间来读书学习。朱可夫爱读书的习惯，应归功于他的老师谢尔盖·尼古拉耶维奇·列米佐夫的培养。而现在到作坊当学徒工，朱可夫仍想继续读书求学，同时，老板的大儿子亚历山大常常在学习上帮助朱可夫。他和朱可夫同岁，对朱可夫要比对别人好一些。

在亚历山大的帮助下，朱可夫读完了长篇小说《护士》、关于纳塔·品克顿的很吸引人的故事、柯南·道尔的《福尔摩斯笔记》，以及其他许多作为廉价系列图书出版的惊险小说。在读书中，朱可夫觉得，有些虽然有趣，但没有太大的教益。怎么办呢？朱可夫便和亚历山大商量，改进学习方法，增加阅读内容。

这样，他们便开始进一步学习俄语、数学、地理，并阅读一些科普读物。当老板不在家或是星期天，朱可夫和亚历山大通常是在一起学习。虽然他俩有意躲避老板，但后来，老板还是知道了他俩在一起学习的事。朱可夫想，老板一定会赶他走或是狠狠地惩罚他。但出乎朱可夫的意料之外，老板却夸奖了他们，说他俩做的是正经事，年轻人就应该多学，并且要学好。就这样,朱可夫在一年多的时间里进行了自学,并且很有收益。他学的课程相当于市立中学的普通夜校。

在作坊当学徒,不仅工人们对朱可夫很满意,老板对他也感到满意。开始,老板不想让朱可夫去上夜校,但是,他的两个儿子说服了他,老板也就同意了。朱可夫当然很高兴。不过,朱可夫做功课都是夜间在靠近厕所的高板床上做的,厕所里只亮着一只20瓦的灯泡。

有一次,是夜校毕业考试前1个月左右的一个星期天,老板到朋友家去了,朱可夫便和伙伴们坐下来打牌,玩的是抓"21点"。谁也没有发现老板什么时候回来了,并且进了厨房。轮到朱可夫当庄家,并赢了这局牌。突然有人给了朱可夫一记重重的耳光。朱可夫回头一看,啊哟,原来是老板!吓得朱可夫张口结舌,一句话也说不出来。伙伴们都四处逃散。

老板气得吼道:"啊,你学文化就是为了干这个?为了数点子?"

过了几天,朱可夫到位于特维尔斯卡亚大街的夜校去,讲了事情的经过。大家取笑了一番。这时,朱可夫的学习时间只剩下1个多月了。毕业时,朱可夫参加了考试,考的是市立中学的全部课程,并且取得了优异的成绩。

1911年,朱可夫已经在作坊里干了3年学徒工,当上了学徒的头子,有3名学徒工听朱可夫指挥。这时的朱可夫对莫斯科已经非常熟悉,因为他到全市大街小巷送货的次数比别人都多。即使这样,朱可夫对继续学习一直没有死心,虽然没有找到合适的机会,但他还是千方百计读了一些东西。

科列索夫师傅看过的报纸,朱可夫一般都要拿来看。这位师傅知道的政治上的事情要比其他师傅多。亚历山大也常把杂志借给朱可夫看。至于一些小书,那是朱可夫省下来"马车费"为自己买的。有时老板派朱可夫到马里伊纳森林或是莫斯科河南岸市区去送货,就给朱可夫几个戈比的马车费。但朱可夫把皮袋往肩上一搭,自己快步走着去,这样就把钱省下来了。

战争下的生活

探望家人

1912年,朱可夫有幸得到10天假期,可以回家看望亲朋好友。当时,割草季节刚刚开始。这是一段很有趣的田间劳动。许多在城里干活的男子和青年都要回到乡下,以便帮助妇女们很快割完青草,准备好过冬用的饲料。

当朱可夫离开家的时候,他还差不多是个孩子,而现在回去,他已经是个长大的青年人。这一年,他已经15岁了,是个干了4年的学徒工。在他离开家乡的4年中,村里的许多人不在了——有的去世了,有的去当学徒了,有的外出挣钱了。现在回去,有的人朱可夫不认识,有的人也不认识朱可夫。4年的变化是很大的,有的人被沉重的生活担子压弯了腰,未老先衰;有的人已经成长为大人了。

朱可夫乘坐的是马洛亚罗斯拉维茨郊区的火车。从莫斯科到奥鲍连斯克小站,朱可夫一直站在打开的车窗旁。4年前,朱可夫去莫斯科的时候,是个夜间,他无法看到铁路沿线的风光。现在,朱可夫怀着兴奋的心情,极有兴趣地观看沿途各个车站的设施,欣赏着莫斯科近郊美丽迷人的大自然。

当火车经过纳罗—福敏斯克车站时,有个人对他身旁的一位旅客说:"1905年以前,我常到这里来……你看到了那些红砖厂房了吗?这就是萨瓦·莫罗佐夫开办的工厂。"另有一个人说:"听说,他是一个资产阶级民主主义者。不过,听说他对工人还算不错。但他的管理人员却是一群恶狗。"另一个人辛辣地挖苦说:"一群饭桶!"

当这群人发现朱可夫在注意听他们的谈话时,就没有再讲下去。

火车终于到达奥鲍连斯克站。来站接他的,是朱可夫的母亲。4年间,他的母亲变化很大，看上去苍老了许多。朱可夫的嗓子似乎被什么东西堵住了。朱可夫使劲忍住，才没有哭出声来。朱可夫的母亲，紧紧地用她那双粗糙的、长满老茧的双手搂着朱可夫，哭了很久，并反反复复地说："亲爱的儿子，妈妈认为，在我死之前见不到你了。"

"妈妈，您怎么这样想呢，您看，我现在不是长大了吗，您应该高兴才是。"

"谢天谢地！"

朱可夫和他母亲到家时，天已经黑了。父亲和姐姐站在门前的土台上迎接他们。

朱可夫的姐姐已经长成大姑娘了。他的父亲却老多了，背也驼得更厉害了，他已经是70岁的人了。他按自己的习惯吻了朱可夫一下，若有所思地说："我终于活到了这一天，并看到你长大了，也长结实了。"为了让老人和姐姐更高兴，朱可夫赶快打开篮子，给每人送了一份礼物。另外还给了他母亲3个卢布、两俄磅糖、半俄磅茶叶和一俄磅糖果。

"好儿子，谢谢你！"母亲高兴地说，"我们已经很久没有喝过真正的糖茶了。"

朱可夫又给了父亲1个卢布，让他上饭馆零花用。

母亲说："给你父亲20戈比就够了。"

朱可夫的父亲说："我等儿子等了4年了，不要提钱的问题，免得我们刚见面就感到扫兴。"

又过了一天，朱可夫就跟着母亲和姐姐去割草。在田地里，朱可夫又见到了许多儿时的朋友们，特别是见到了他最要好的朋友——廖什卡·科洛蒂尔内，使他高兴不已。儿时的伙伴们现在都长大了。刚开始割草，朱可夫觉得有些不得劲：感到累，满头大汗，这大概是因为有4年没有干这种活的缘故吧。渐渐地，一切都得心应手了，朱可夫割得很干净，也没有落在别人后头，就是感到嘴里发干，但朱可夫还是继续干，一直坚持到大家休息。

纳扎尔大叔走过来，搂着朱可夫大汗淋漓的肩膀问道："怎么样，农活不比城里干活轻松吧？"朱可夫回答说："是不轻松。"一个朱可夫不认识的

青年人走过来说:"现在英国人都用机器在田间割草。""是呀,"纳扎尔说,"我们也一直希望有好犁、大镰刀,甚至是机器。唉!现在我们落后了……"朱可夫问同伴们,刚才说用机器割草的青年人是谁。

有人告诉朱可夫:"他叫尼古拉·朱可夫,是村长的儿子。由于参加了1905年事件,他被从莫斯科驱逐出来。他说话比较尖刻,就连沙皇也敢骂。""没什么,"科洛蒂尔内说,"背后骂沙皇是可以的,只是不要被警察和密探听到。"

正当中午,太阳晒得越来越厉害。人们不再割了,纷纷开始晾晒割下来的青草。朱可夫和姐姐也把干草装上车,爬到草车上坐着,让牲口拉回家。等待他们的是油煎土豆和糖茶。那时,这些东西对大家来说,简直好吃极了!

晚上,青年们好像忘记了疲劳,都聚集到粮仓周围,尽情地娱乐。他们先是唱歌,唱了一支又一支深情动人的歌曲。姑娘们的嗓子像银铃,唱起了温柔的曲调,小伙子们则用男中音和未定型的男低音伴唱。然后是跳舞,跳了一曲又一曲,一直跳得大家都累得动不了才停下。等到朱可夫他们各自分手回家时,天都快亮了。他们刚躺下睡了一会,大人就又催他们起床了。白天,他们去割草,晚上则继续唱呀、跳呀。很难说他们什么时候才休息睡觉。

是呀,风华正茂的青春时代似乎是无所不能的,人如果能永远年轻该多好啊!

10天假期过得很快,朱可夫又要回莫斯科了。朱可夫要离开家回莫斯科的时候,心情特别沉重。和家里人的团聚实在是太短暂了,也不知什么时候才能再回来。特别是看到不幸的人们在火灾场上刨来刨去想找到点什么烧剩下的东西的时候,朱可夫更感到沉痛万分。朱可夫非常同情他们,因为他心里清楚,无家可归意味着什么。

清晨,朱可夫回到了莫斯科。问候了老板和大家以后,朱可夫就对老板讲了乡里失火的事,并把烧了两个洞的新上衣拿给老板看。令朱可夫奇怪的是,老板连骂也没有骂他一句。为此,朱可夫感到庆幸。后来朱可夫才知道,也算他真的走运。原来他回来的前一天,老板以高价卖出了一批皮货，赚了一大笔钱；否则，还不知道后果是什么呢。费多尔·伊万诺维奇对朱可夫说："要不是老板赚了一大笔钱，你为新上衣的事又该挨一顿毒打。"

心怀壮志

1912年底过圣诞节的时候，朱可夫向老板请了几天假，又回家了一趟。这次他回去时，已经是一个自立的人了。朱可夫已年满16岁。更主要的是，朱可夫已成了一个师傅，每月能拿到整整10个卢布，而这在当时并不是很多人能挣到的。

在作坊里，老板是非常信任朱可夫的。通过几年的生活和工作，老板已了解朱可夫是一个忠诚老实、肯吃苦卖力的年青人。所以，老板有时也派朱可夫去银行为他兑取支票，或是办理活期存款手续。老板也认为朱可夫办事可靠，也经常带他去老板的商店。在店里，除了让朱可夫干毛皮匠活以外，还让他负责包装货物，到货房去办理一些托运手续。

比起在作坊里干活，朱可夫更喜欢干这些活。因为，在作坊里除了师傅们的打闹说笑外，就什么也不知道；而在皮毛店里，可以常常和到这里来的有知识的人打交道，听一听他们对时事的各种议论，以及社会新闻、小道消息的传播。

作坊里的师傅们很少看报。除了科列索夫以外，作坊里的师傅们谁也不懂政治，也不关心政治问题。其他作坊的工人们也是如此。当时，每个人都只顾自己，没有任何毛皮工人工会。直到后来成立了制革工人工会以后，毛皮工人才参加了进去。

对于毛皮工人们不问政治，这是丝毫也不奇怪的事。只有个别人例外。毛皮工人师傅只关心自己的利益，每个人都有自己的小天地。有的人是想如何多挣一点钱，有的人还不择手段去挣钱，积攒一笔钱，一心想开个属于自己的小店。当时，毛皮工人、成衣工人和其他小手工业作坊的工人，与产业工人不同，与真正的无产者不同，他们的小资产阶级思想浓厚，还缺乏无产阶级的紧密团结精神。

1910～1914年，革命情绪明显活跃起来。莫斯科、彼得堡和其他工业

城市的罢工斗争越来越多。学生也经常举行集会和罢课。由于 1911 年的大饥荒,农村已经贫困到了极点。

不管毛皮匠师傅们对政治是如何不关心、如何闭塞,朱可夫等许多工人们还是知道了勒拿河金矿工人惨况和革命形势在全国各地悄悄而又迅速地发展起来的情况。费多尔·伊万诺维奇·科列索夫师傅有时还能搞到布尔什维克党的《明星报》和《真理报》,这些报纸对为什么工人和资本家之间、农民和地主之间的矛盾是不可调和的做了简单而又通俗的解释,并且证明了工人和贫农之间有着共同的利益。

在当时,朱可夫对社会政治事件的分辨能力不强,对政治问题的认识不清。但他已经懂得,像《明星报》、《真理报》等,反映的是工人农民的利益和愿望,而《俄罗斯言论报》和《莫斯科新闻报》则代表沙俄老板和资本家的利益,是为维护统治阶级的利益的。

每当朱可夫回家时,他自己已能向他的伙伴们和农民们讲解一些简单的道理了。

当第一次世界大战爆发时,莫斯科也发生了打砸外国商店的事件。暗探局的间谍和黑帮分子们,在爱国主义口号的掩护下,有组织地捣毁了德国和奥地利商行,还有许多想趁机发点洋财的人也被吸引去了。由于这些人分不清外文招牌,他们同时还捣毁了法国、英国等其他外国商行。

由于受宣传的影响,许多年轻人,特别是殷实人家的子弟,在爱国主义情感的驱使下,志愿上前线去打仗。亚历山大·皮利欣也决定上前线,并且一个劲地劝说朱可夫也去。

一开始,朱可夫对亚历山大的建议也很感兴趣,但一直没有拿定主意。在犹豫不决中,朱可夫还是决定先同费多尔·伊万诺维奇商量商量,因为他在朱可夫的心目中是个最有威望的人,并能对社会中的许多事情有一个客观、公正的看法。

他在听完了朱可夫的话以后说:"我能理解亚历山大的愿望,因为他是有钱人家庭的孩子,为了家庭的财产和富有,他有理由去打仗。可你呢?傻瓜,你为什么要去打仗呢?是因为你父亲被赶出了莫斯科,是因为你母亲由于饥饿而得了浮肿病,还是因为你将拥有大量财富?……你要是被打死,或被打成残废回来,就没有人会要你了。"

他的这些话说服了朱可夫。朱可夫对亚历山大说,他不去打仗了。结果亚历山大把朱可夫大骂了一顿。晚上,亚历山大也没和家里商量,独自从家里出走,然后上前线打仗去了。2个月以后,亚历山大被送回到莫斯科,因为他在战斗中负了重伤。

当时,朱可夫仍在作坊里工作,但这时他已经住在阿霍特内街的私人住宅里。朱可夫向寡妇玛雷舍娃租了一个床位,每个月的租金是3个卢布。寡妇玛雷舍娃有个女儿叫玛丽娅,美貌可亲、心地善良。在这样的环境中,通过互相接触,双方都喜爱上了对方。为了表白爱情,朱可夫向玛丽娅求婚,她高兴地接受了。他俩还商量着要结婚。但是,正像通常可能会发生的那样,战争使他们的一切希望和打算都落空了。由于前线伤亡很大,1915年5月宣布对1895年出生的青年进行提前征召,还不满20岁的青年人都上前线。这样,很快也要轮到朱可夫了。

朱可夫对应征上前线的热情并不高,因为在莫斯科到处可以见到从前线回来的不幸的残废军人。与此相对比,常常又能看到阔少爷、阔老爷们仍然像从前一样过着骄奢淫逸的生活。这些阔老爷、阔太太和阔少爷、小姐们,常乘坐华丽的马车在莫斯科到处游逛,要不然就是玩赛马,或是去华丽富贵的饭店狂欢暴饮、一醉方休。即使这样,朱可夫仍然在想,既然参军,就要忠诚地为俄罗斯打仗。

老板认为朱可夫干活很卖力,又让人放心,于是对朱可夫说:"如果你愿意留在我这儿干活,我就去活动活动,说你有病,把你再留下一年,也可以让你真的有病而把你留下。"

朱可夫回答说:"我的身体很好,能够上前线打仗。"

"怎么,你也想当亚历山大一样的傻瓜吗?"老板反问道。

朱可夫说:"我是俄罗斯人,我有义务保卫祖国,即使我牺牲了,也是很光荣的。"

新兵朱可夫

应征入伍

1915年8月7日，朱可夫在本县县城——卡卢加省的马洛亚罗斯拉维茨市应征入伍。当时，第一次世界大战正打得难解难分。报名登记以后，朱可夫被挑选到骑兵部队。朱可夫为能够当上一名骑兵而感到十分高兴。因为朱可夫对这一富有浪漫色彩的兵种一直赞叹不已。而与朱可夫同时应征入伍的伙伴们，都被分去当了步兵，他们中的很多人都很羡慕朱可夫。

一个星期以后，所有应征青年都到兵站报到。编队以后，朱可夫就和同乡们分手了。在朱可夫的周围，尽是一些陌生的青年人。晚上，朱可夫和其他青年人一起坐上货车，开往目的地——卡卢加市。这次旅行，朱可夫有生以来第一次如此强烈地感到苦闷和孤单。坐在车厢里，朱可夫暗暗问自己：我的少年时代就这样结束了，现在去当兵打仗，我能吃得当兵的苦吗？打仗行吗？朱可夫又想：从童年、少年到今天，我已经经受过生活的磨练，现在成为一名士兵，我也一定能光荣地完成士兵的职责。

朱可夫他们乘坐的货车车厢并不适于运人，一路上他们只能站着或者坐在肮脏的地板上。每节货车车厢里大约有40个人。有人在轻轻地哼歌，有的几个人在一起玩牌，有的人在同身旁的人谈心时哭了，也有人咬紧牙关、目不转睛地凝视着一个方向，想着自己的心事。其中大多数士兵都在想象未来的士兵生涯。

到达卡卢加时已是夜间。他们在一个货车站台的岔线上下了车。紧接着传来了"集合！""看齐！"的口令声。等他们列好队，便开始向与城市相反的方向前进，大家谁也不知道去哪里。有人问上等兵，我们开到哪里去。看上去这个上等兵是个好心人，他和蔼地对新兵们说："你们以后要记住，永远不要向长官提出这样类似的问题。当兵的应该默默地执行命令和口令。

至于开到哪儿嘛，就不要多问，这些只有长官才能知道。"

好像是为了证实他的话，从纵队前头传来了队长宏亮的声音："队列中不准说话！"朱可夫刚认识的新朋友科利亚·西夫佐夫用胳膊肘碰了碰朱可夫，轻声说："你看，士兵生活就这样开始了。"

走了大约3个小时才停下来小歇，朱可夫他们都已经累得走不动了。这时，天也快亮了，大家都非常困，一说休息，大家都坐下来，也有的躺在地上开始睡觉，鼾声立刻四起。

但很快又响起了"集合！"的口令。没办法，大家只好马上列队，又继续前进。又走了1个小时左右，才到达军营。他们被领进营棚，按指定床位，睡在光光的铺板上。接到通知说，他们可以休息到早晨7点钟。营棚里已经住有100人左右。营棚有无数墙缝，窗户有许多被打坏了的玻璃，风就从这些地方钻进屋里。即使有这样"好"的"通风"条件，营棚里的气味还是很难闻。

由于行军太累、太困，很快大家都走入梦乡。早饭以后，新兵被集合起来并得到通知，他们现在被编入预备步兵第189营。这里将为预备骑兵第5团组建队伍。在离开这里之前，他们将接受步兵队列训练。新兵到指定地方领了教练步枪。班长、上等兵沙赫沃罗斯托夫向士兵们宣布了各项内务制度和士兵的职责。沙赫沃罗斯托夫严厉警告士兵们，除了"解手"以外，谁也不准到任何地方去，否则将被押送军事感化营……他说起话来一字一顿，声音尖厉，还不断挥舞着拳头。一双小眼睛迸射出凶狠的目光，好像士兵们都是他的不共戴天的敌人。士兵们都相互说："别指望这个家伙会给大家好果子吃！……"这时，一位穿着整齐的上士走到士兵队列的前面，他们的上等兵向大家发出了"立正"的口令。上士对朱可夫等新兵们说："我是你们的排长马利亚夫科。我相信，你们对班长所作的解释已经很好地领会了。你们将会忠诚地为沙皇和祖国效劳，你们应该为此而感到无上光荣。但是，也要请你们记住，如果你们擅自行动，我是不会容忍的，那将会受到最严厉的惩罚！"

第一天的队列练习开始了。士兵中每一个人都努力争取出色地执行每个口令，做好每个队列动作和持枪动作。但是，要想使长官满意是不容易的，要得到长官的表扬就更难了。排长马利亚夫科特别爱挑剔，决不允许有一个士兵踏错脚步或是走乱步子，否则，就要罚全排重来一遍，直到排长满意为止。结果，朱可夫他们这个排很晚才结束，自然，他们也是最后才去吃晚饭，本来就不怎么好的汤早已经凉了。

  第一天下来，就令士兵们感到压抑。大家都希望能早点躺下睡觉。但是，排长仿佛猜透了士兵们的心思，偏偏要和士兵们作对，下令全排士兵集合，宣布第二天要带士兵们去参加全体晚点名。所以，朱可夫和其他士兵们今天必须学会唱国歌《上帝啊，请保佑沙皇吧！》。士兵们一直学唱到深夜，排长满意时才让士兵们回去睡觉。第二天早晨6点钟士兵们又起床出早操。

  每天的生活都是千篇一律的，就像两滴水珠一样完全相似。好不容易盼到第一个星期天，这样，大家可以休息一下，或洗个澡。可是，朱可夫他们又被叫去打扫操场和军营，一直忙到吃午饭。午饭以后，大家又忙着擦枪、修理军用装备、写家信。班长还特别严厉警告士兵们，不得在信里对任何事情表示不满，因为这样的信件无论如何是通不过检查机关的。

  开始的时候，士兵们并不习惯于军营生活。但是，既然走进了军营，成为了士兵，就应该像一个真正的军人，当一个好兵。何况，来自四面八方的这些青年人，也都是从艰苦的生活走过来的。只过了大约2个星期，他们大多数人对军队的各项规章制度已经习惯了。

  第二个训练周末，朱可夫他们这个排接受连长、上尉沃洛金的检查。朱可夫等士兵在见连长之前就听说，连长很能喝酒，而当他喝醉的时候，你最好不要被他看见，免得自找麻烦。而从现在来看，连长和其他军官相比，并没有任何特别的地方。在连长检查中，士兵们就感觉到他对士兵的战斗训练毫无兴趣。检查结束时，他要求士兵们继续努力操练。

  大约训练了1个月，朱可夫他们就要准备开赴预备骑兵第5团。在这之前，朱可夫还见过他们连长几次，其中有2次他大概是喝醉了。至于第189预备营营长，在整个受训期间，朱可夫就一直没有见过。

骑兵连队

1915年9月,朱可夫他们被派往乌克兰境内的预备骑兵第5团。该团驻扎在哈尔科夫省的巴拉克列亚城内。他们乘坐的列车驶过巴拉克列亚,抵达萨文策车站。这里正在准备为骑兵第10师运送补充兵员。来站台迎接朱可夫他们的是仪表端正、穿着新制服的骑兵军士和司务长们。他们有的穿骠骑兵制服,有的穿枪骑兵制服,还有的穿龙骑兵制服。分编以后,朱可夫等来自马洛亚罗斯拉维茨和莫斯科的人,以及几个来自沃罗涅什省的人,被分到龙骑兵连队。

朱可夫对自己的分编感到懊丧,他一直希望被分到骠骑兵连队。当然,这不仅仅是因为骠骑兵军服更加漂亮。他们还听说,骠骑兵那里的军士们比较好,主要是他们更为仁慈一点。要知道,在沙皇军队里,士兵的命运是完全取决于军士的。第二天,朱可夫他们领到了骑兵服装、马的装具,并且每人有一匹固定的马。朱可夫得到的是一匹深灰色烈性牝马,名叫"恰舍奇娜娅"。

当骑兵比当步兵要有趣,但也艰苦得多、困难得多。除了共同的课目训练外,还要学习骑术、掌握冷兵器,一天刷马3次。起床不像步兵是6点钟,而是5点钟,睡觉也比步兵晚1个小时。训练中最困难的是乘马训练,即骑乘、特技骑术和使用冷武器——矛和马刀。学骑乘时,许多人的双腿都磨出了血,但也不敢言语。长官常常对他们讲这样一句话:"好小伙子,忍耐忍耐吧,你就会成为一名好骑手的。"朱可夫他们一直这样坚持训练,直到能在马背上牢牢坐稳。

到1916年春季,朱可夫等士兵们基本上都成为训练有素的骑兵了。上级通知他们说,将编成补充骑兵连,但在没有开赴前线以前,朱可夫他们主要按野战训练大纲继续进行训练。这时,又有一批新征入伍的士兵开到朱可夫他们的驻地。这样,朱可夫他们准备转移到位于拉格里村的新驻地。

上级准备从朱可夫这些士兵中,挑选训练成绩最好的30个人培养当军士。朱可夫也被选上了。开始,朱可夫还不愿去教导队,但是,排长说服了朱可夫。为此,朱可夫衷心钦佩他的智慧、正派和对士兵的热爱。

"我的朋友，前线你还是会去的，"排长对朱可夫说，"但现在你最好是多学点军事，这对你将来是有好处的。我相信，你会成为一名好军士的。"

排长杜拉科夫想了想，又说："我呢，就不急着要再上前线了。我曾在前方呆过1年，非常了解那是怎么回事，而且也懂得了许多事情……遗憾哪遗憾，我们的人就这样糊里糊涂死去了，请问，这是为什么？……"

他没有跟朱可夫再说什么。但是，朱可夫已经觉察到，他内心已经产生了并且流露出了一个士兵的天职与一个不愿屈从于沙皇专制暴行之间产生矛盾时的痛苦。朱可夫对他的劝告表示感谢，并同意去教导队学习军事。

教导队驻在哈尔科夫省的伊久姆市内。像朱可夫这样从各部队抽调来的，共计约有240人。朱可夫他们分别住进了民房，很快就开始进行训练。朱可夫的运气不好，又碰上了一个比鲍罗达夫科还要坏的长官。他的姓朱可夫记不大清楚，只记得士兵们都叫他"四个半"。给他起这个绰号，是因为他右手的食指短了半截，但是，这并未妨碍他一拳就能把当兵的打倒在地。他对朱可夫并不比对别人好，但不知为什么没有打过朱可夫。但有时，朱可夫有一点点过失，他就吹毛求疵地对朱可夫进行各种惩罚。

有一次，他把朱可夫叫到自己的帐篷去，对朱可夫说："我看得出来，你是一个有个性的小伙子，又有文化，学习军事对你并不难。你来自莫斯科，是工人，为什么每天还要去参加操课，跟着别人流汗呢？以后你就当我编制外的抄写员，负责填写值勤登记表、操课报表和执行其他的任务。"

"我到教导队来，不是为了当一名负责承办各种事情的职员，而是为了认真学习军事，当一名军士。"朱可夫当面回答说。他气急败坏，对朱可夫威胁说："那你就等着瞧吧，我要叫你永远也当不成军士！……"

毕业前的2个星期，在队列前他对朱可夫宣布，由于朱可夫不守纪律和对顶头上司无礼，朱可夫被开除出教导队。大家都很清楚，"四个半"决定跟朱可夫算总帐了，可朱可夫对此却无计可施。

但是，突然来了帮忙的。有一位名叫斯科里诺的志愿入伍者也在朱可夫排里接受训练，他是朱可夫来教导队前所在的那个骑兵连副连长的兄弟。斯科里诺学习很差，也不喜欢军事。但是，他是一个讨人喜欢、爱接近人的人，就连"四个半"也有点怕他。宣布开除朱可夫后，斯科里诺立即就去找教导队队长，向他报告了对朱可夫的不公正对待。

教导队队长把朱可夫叫去，朱可夫感到很害怕，因为，朱可夫以前从未和军官们说过话。朱可夫心里还担心："这下子完了！看来，这军事感化营是跑不了啦。"

士兵们对教导队队长了解得很少。只听说，他因为作战勇敢被提升为军官，并被授予过几乎所有各级的乔治十字勋章。战前，他曾在某一个枪骑兵团超期服役，任司务长。士兵们只是有时在晚点名时才见到他，听说，由于受过重伤，他现在还有病。

令朱可夫惊讶的是，他见到的这个人眼神温和，甚至可以说很热情，面容也显得很朴实。

他问朱可夫："当兵的，怎么啦，当兵不顺利，是吗？"并指指椅子让朱可夫坐下。朱可夫仍旧站着，不敢坐。"坐下，坐下，不用怕！……你好像是莫斯科人吧？"

"是的，队长！"朱可夫在回答时，尽量大声地说清楚每一个字。

他温和地对朱可夫说："我呀，也是莫斯科人。入伍前在马里伊纳亚林场工作，是个细木工匠。后来就来当兵了，现在看来只有献身于军队了。"

他停了一会儿，又接着说："当兵的，对你的鉴定可不好呀。鉴定上写着，你在4个月的受训期间受到了10次处分，还用各种不好听的话骂过排长。这是真的吗？"

朱可夫回答说："队长，是真的。但是，有一点我必须报告，就是任何人处在我的地位，也都会这样做的。"接着，朱可夫向他报告了全部真实情况。他用心地听取了朱可夫的申辩，最后说："回到排里去吧，准备参加考试。"事情总算圆满地解决了。

一世英名

8月上旬，团里下达了关于分配教导队毕业学员去各补充骑兵连的命令。命令规定有15个人直接去前线——骑兵第10师。朱可夫是这15人名单中的第二名。对此，朱可夫丝毫也不感到奇怪，他非常清楚这是谁干的事。

当向全队宣布名单时,"四个半"在一旁阴笑,他是想让人知道,朱可夫他们每个人的命运都掌握在他的手里。教导队为毕业学员们举行了会餐,随后就下令集合上车。朱可夫等士兵就各自收拾自己的行李袋,来到集合地点。几个小时以后,他们的列车向哈尔科夫方向开去。

9月初,朱可夫所在师行军到达贝斯特里茨山林地区集中,在这里直接参加了战斗,但主要是采用徒步队形,因为地形条件不允许骑马冲击。

不久,令人不安的消息越来越多。俄军的损失很大。罗马尼亚军队战线的情况也不妙,他们参战前训练差,装备不足,同德军和奥军头几次交手就遭到了沉重的损失。

俄军士兵的不满情绪增长了,特别是当他们接到家信,知道家乡发生饥荒和遭到严重的破坏以后。其实朱可夫等士兵在乌克兰、布科维纳、摩尔达维亚前线附近的农村见到的情景,就已经能说明问题了。农民在沙皇压迫下遭受的灾难是何等深重啊!由于沙皇的狂妄自大、轻率从事,工人和农民的血已经流了2年多!士兵们逐渐认识到,他们并不是为了自己的利益,而是为了"今日世界的列强"、为了压迫他们的人,才被打成残废和战死的。

1916年10月,朱可夫很倒霉:他和几个伙伴一起组成前方侦察群,在接近赛耶—雷根地区执行先头巡逻任务时,踏上了地雷。有2人受重伤,朱可夫也被爆炸气浪从马鞍上掀落下来。朱可夫在医院里躺了1天1夜以后才苏醒过来。由于严重震伤,朱可夫被转移到哈尔科夫。

朱可夫从骑兵新兵连调到教导队时还是一名新兵,而现在回来时,肩章上已经多了几条军士衔的杠杠,有了实战经验,胸前也挂上了2枚乔治十字勋章,一枚是在一次战斗中俘虏了一名德国军官而被授予的,另一枚则是因为受震伤而得到的。

战争造就了朱可夫的一世英名,朱可夫则为战争添上了一幅浓墨重彩的壮美画卷。在世界战争史上,像朱可夫这样从来没有打过败仗,并以不断的胜利而载入史册的将军,简直是凤毛麟角。在二战诸将领中,他不仅以其取得胜利的数量和规模而雄居首位,而且以其杰出的战役和战略天才而独占鳌头。他创造的光辉战例是人类文化遗产中的宝贵财富,不仅对战后苏联战役法，而且对世界军事理论的发展都产生了巨大的影响。他具备了一个杰出统帅所应具备的全部特质：善于观察和判断敌情，正确预见事态的发展；审时度势，随机应变，适时调整部署，给敌人以致命的打击；正确选择主突方向，以坦克兵团对敌实施迂回分割，迅速粉碎敌重兵集团。他还是一位才能非凡的战术家，懂得地形和气候的重要性，每次战役发起前都要勘测地形，精心计算力量对比，依靠各兵种力量以获得航空、炮火、工程和通信方面的保障，绝不打无把握之仗。

法西斯克星——斯大林

 穷鞋匠的儿子

索索的家乡

1879年12月1日,在格鲁吉亚的小城镇哥里市,一个健壮的男婴诞生了。他呱呱坠地的第一声啼哭就那么清亮有力,仿佛在向这个世界宣告:我来了!按照俄国当时的东正教习惯,降生就要接受宗教洗礼。受洗时,这个婴儿被赐名"约瑟夫",全称是:约瑟夫·维萨里昂诺维奇·朱加什维里。后来,他被家里人和小伙伴亲昵地称为"索索"。索索,就是几十年后那个赫赫有名的苏联人民的伟大领袖,领导苏联人民打败德国法西斯的大元帅——斯大林。

小索索诞生的这个哥里城,是一座半城市半农村的古城。它坐落在流湍水急的库拉河畔,位于库拉河与另外两条河河谷的汇合处。这里群山环抱,山上长着各种树木,每当微风吹过的时候,绿波荡漾,景色美丽极了。山野里有各种植物、鸟类,有许多野果子,还经常有野兽出没呢!山谷里的葡萄园、麦园和果园更是远近闻名。城外有陡峭的悬崖、奔腾的河流、拜占庭式的古城垣,城内的羊肠小道之间有广阔的田野,是个田园诗般的环境。

每当收获的季节到来,葡萄紫了,麦子黄了,果园里飘荡着诱人的果香。据说,哥里是古希腊人所说的科尔吉斯州的一部分。希腊的神话传说里,忒萨利亚王子伊阿宋曾率领亚尔古英雄们来这里寻找金羊毛。在这如诗如画的环境里,鸟儿可以自由歌唱,人民却不得不饱受欺凌和压迫,吃够了战争的苦头,受尽了沙皇的残暴奴役。哪里有压迫,哪里就有反抗。水深火热之中,饱受摧残的人们揭竿而起,斯大林的曾祖父就是在这种情况下参加了反俄农民起义。

在乡间广泛流传着许许多多充满反抗精神的民间故事与传说。许多民间故事传颂着著名的高加索强盗。在民间传说中,这强盗常常是民族英雄,如反抗沙皇的格鲁吉亚贵族、农奴的领袖、人民的复仇者……他们对穷人和受压迫者宽宏厚道,对为富不仁的人满怀仇恨。他们隐藏在雪峰和山涧里,神出鬼没,突袭敌人,给敌人以沉重的打击……

到斯大林出生的时候,他的家乡格鲁吉亚还在沙皇俄国的统治下。沙皇俄国是个喜好征战的民族,也曾不断地受到外族的侵扰。历史上,成吉思汗就曾率骑兵横扫欧亚大平原。在征服的土地上,他的统治严酷而残暴,他的法律曾规定不纳税,或不提供兵丁,特别是造反,都会被严刑处罚。人民对沙皇必须崇敬、屈服和绝对服从,以沙皇名义给以的处罚,必须无条件接受。人民没有人身自由,没有财产自由,甚至连他们的思想,也属于沙皇。格鲁吉亚在1783年成为俄罗斯属国后,完全丧失了独立。在此前的一个世纪,格鲁吉亚一直是独立的。在这期间,它一直是在被沙皇俄国不断征服的战争中度过的,在这一过程中常常爆发农民起义。

索索的爸爸维萨里昂的祖祖辈辈,就是在这样的统治下一代一代走过来的,他们都是没有任何自由的奴隶,不得不固定在土地上为沙皇种地、交租、纳税,忍受着奴役、暴虐和贫困。就这样在300年的时间里,沙皇用武力征服了100多个民族,消灭了许许多多的独立国家。好战的沙皇几乎同周边的每一个邻国都打过仗。在俄国不断征战的同时,欧洲其他国家的工商业、社会生活、艺术和科学等方面却在以日新月异的速度进展着。而在俄国,野蛮的征战与严酷的专制统治,使奴隶制的俄国成了欧洲文化教育几乎最落后的国家。沙皇害怕反抗怒火在民间燃起,才于1864年极不情愿地宣布在格鲁吉亚废除农奴制,但并不彻底,甚至在斯大林的爸爸维萨里昂童年的时候,格鲁吉亚的报纸上还登载着一些这样的广告,说明地主出售或求购"500或1000亩土地或150名农奴"。一位权威人士评价道:"在俄国,奴隶制现在已成了历史的陈迹,但是外高加索,特别是在格鲁吉亚,还没有通过法律来制止临时劳役……我国农民的经济依附……在近50年来有所发展,并且采取了农奴制的一种新形式。"斯大林的爸爸维萨里昂在未来的日子就亲身体会到了这一点。

索索的父母

斯大林的爸爸维萨里昂在奴隶制废除后,先到弗里斯的阿德尔汉诺夫皮鞋厂当了学徒工。过了一段时间,他又到了里哥市,进入一家皮鞋作坊做工。在这里,他结识了到城里给一个富裕资产阶级家庭当女仆的邻村姑娘叶卡捷琳娜·格奥尔吉尔耶夫娜·格拉泽,并同她结了婚。叶卡捷琳娜是汉巴勒乌里村农奴格奥尔基·格拉泽的女儿,她大约18岁,比维萨里昂小5岁。她长得很漂亮,一双乌黑的眼睛,明亮而有神,有一头红色的头发、一脸的雀斑,使她看起来更可爱。

维萨里昂夫妇俩同样出身贫寒,都是格鲁吉亚少数民族的下层劳动人民,从小因为家穷上不起学,所以两人都不识字。既然结婚就该有个家了。于是,小夫妻俩在靠近教堂的地方租了个小破房安了家,房租是每月一个半卢布。这是一处多么简陋的小破房子啊!它只有一间厨房和一间住房,很潮湿,只有一扇小窗,从狭小的窗口透进暗淡微弱的光线。它的门直接开向单调空荡的院子。由于屋里的地面和院里一样平,没有台阶隔开,每到雨天,泥水就从院子直往屋子里灌,外面下雨,屋里就积水。用砖铺成的地面,就算作地板了,全部的家具有:一张小桌子、一个凳子,放着一把茶壶的小碗橱、一个存放衣物的箱子、一面小镜子、一张铺着草垫子的木板床。斯大林就是在这个寒伦、简陋的小破房里出生、成长,度过了他的童年时代。

童年,家庭给了他什么呢?

斯大林的爸爸维萨里昂是抱着满脑子幻想和憧憬从家乡出走来到哥里市的。结婚成家后,在哥里城依靠做鞋难以为生,更别说成为一个独立鞋

匠了。于是,不久他就告别了哥里城和他的家庭,又来到梯弗里斯,进了阿德尔汉诺夫鞋厂。

这次,他又带上了他所有的"挣饭吃的家伙":一个扎满针眼的短腿板凳,做皮鞋用的楦头、皮刀、铁脚、小锤子、钳子等。在阿德尔汉诺夫工厂,维萨里昂实际上的地位反倒下降了,是从原来的农奴沦为雇佣奴隶。他很不满足于他的地位,不满意命运为他安排的这种现实,因为这同他当初离开季季伊利洛村的雄心勃勃的设想差距太大了。

维萨里昂具有格鲁吉亚人的特点,他体格魁梧、健壮结实;黑漆漆的眉毛,又浓又密的胡须;性格粗犷豪放、脾气暴躁、沾火就着,又喜欢喝酒、动不动就爱挥拳头。

尤其是在他想挣些钱开个小鞋铺的希望破灭之后,他变得越来越爱喝酒了,也越来越喜欢发火了。嗜酒如命,使得他把挣来的一点点钱都用来买酒喝了,而且每次喝醉了就拿儿子撒气,经常无缘无故地痛打索索,甚至连索索的妈妈也一同受到打骂。这些遭遇,在索索心里埋下了叛逆的种子,虽然他以沉默对待爸爸的巴掌拳脚,但他心里暗暗滋生着倔强与反抗。

有一天,当醉了酒的爸爸又一次抡起拳头揍妈妈的时候,幼小的索索再也无法忍受了!他随手抓过一把刀子就朝着醉醺醺、一身酒气、满脸通红的爸爸使劲扔了过去。这还了得!爸爸暴跳如雷,大喊大叫地追赶索索。幸亏邻居们闻讯赶来,把索索藏了起来。爸爸微薄的收入只够他自己喝酒,根本接济不了家,帮不上母子俩什么忙。所以,尽管节衣缩食、勤俭持家、精打细算,日子还是紧巴巴的,很艰难。妈妈一方面毫无怨言地忍受爸爸的粗暴,一方面又毅然挑起了生活的重担。有什么办法呢?"命运已经为她准备了3种考验,第一种是同一个奴隶结婚;第二是成为这个奴隶的儿子的母亲;第三种是终生依顺这个奴隶。"

为了生计,她到哥里市有钱人家里给人洗衣服、烤面包、收拾屋子、通宵达旦地为人家缝制衣服,挣几个钱,勉强糊口度日,交纳每月一个半卢布的房租。索索是家里的独子。其实,在他之前,妈妈还有3个孩子,但因为生活的贫困和疾病等原因,他们都没能活下来,早早就夭折了,所以使得妈妈加倍疼爱索索。大约五六岁的时候,索索得了天花。他病得死去

活来，虽然最终熬了过来，但他脸上却留下了很明显的麻子。这危险的经历使妈妈着实虚惊一场，她更疼爱索索了。

有时候，日子实在太拮据了，她宁肯自己节衣缩食，也要尽可能地让索索吃饱穿暖、免受饥寒。懂事的索索也处处护着妈妈，从来不给妈妈惹麻烦，所以妈妈经常向邻居们夸耀：

"我们的索索真是个好孩子！他自小就那么乖，我从来都不用罚他。"

斯大林，这个农奴的后代、穷鞋匠的儿子，一生简朴如初。简朴是贫穷的家庭在他身上抹下的痕迹，贫穷则是那个沙皇时代给他的家庭打下的阶级烙印。他一生不改阶级本色，却又超越了穷鞋匠的家庭对他的希望（斯大林的妈妈叶卡捷琳娜逝世前曾对斯大林说："真可惜，你没有当上神甫。"），成了劳苦大众的导师和领袖。他带他们奔向光明、幸福、富强的社会主义新社会，干出了一番惊天动地、轰轰烈烈的大事业。

 学 校 生 活 的 开 始

艰苦的求学路

苦难的日子里，索索一天天长大了，很快到了上学的年龄。为了索索的前途，妈妈和爸爸又发生了争吵。索索的妈妈没有什么文化，只能马马虎虎地写自己的名字。在她的设想中，索索再不能像父母一样不识字了，他一定要成为一个有文化、有教养、受人尊敬的人，成为神甫。当时，俄国农村愚昧而落后，宗教活动格外盛行。格鲁吉亚是个基督教少数民族，绝大部分人都信奉宗教，因而神甫在社会上是很有地位、有文化、受人尊敬的人。

索索的爸爸可不这样想。上学念书？念书得花多少钱啊？上哪儿弄钱去？"索索长大了，应该当个鞋匠，"爸爸理直气壮地说明理由："咱们家几辈子都是做鞋的，除了种地，就是做鞋，是个皮鞋世家呢！鞋匠是一种有

意思的职业，谁能不穿鞋呢？""不！"妈妈坚决反对，"索索应该成为一个有学问的人。等他8岁就送他上学，毕业就让他当神甫！"

1888年秋天，妈妈把索索送进哥里教会小学。哥里一共有4所学校，包括哥里教会小学。妈妈按自己的设想决定让儿子进这所培养神甫的教会小学。不久，爸爸知道了，他大发雷霆："你想让我的儿子当上大主教吗？痴心妄想！我是个鞋匠，我儿子也只能当个鞋匠，他不会比当鞋匠有更大出息了！"说到做到，无论妈妈和邻居怎么劝也没用，索索的爸爸立刻赶到学校，强行带走了小索索，直接把他送进梯弗里斯阿德尔汉诺夫鞋厂当了童工。

妈妈把全部的爱都倾注在索索身上，索索是她唯一的儿子，她怎么能让他再像他爸爸一样做个鞋匠呢？这个勤劳善良的劳动妇女表现出了坚韧不拔、不达目的不罢休的劲头。她四处奔走，向学校的教师和教会的神职人员求助，希望他们帮助自己领回小索索，但他们目睹了索索爸爸的脾气，不愿和他发生冲突，只答应找个机会让索索进梯弗里斯教区宗教合唱团，因为索索有一副好嗓音。怎么办呢？最后妈妈还是不顾一切地把索索从鞋厂领出又送回了教会小学。

1935年，索索的妈妈叶卡捷琳娜回忆当时的情景说："他（索索）学得非常好，可我死去的丈夫维萨里昂想让他当个鞋匠，硬是把他领了出来。我怎么说服丈夫都不见效，甚至跟他大吵了一通，都没能说服他。可是没多久，还是我成功了，把索索送回了小学。"妈妈也许不知道，她的这一英明果断的决定，产生了多么大的影响。从此，世界上少了一个鞋匠，却多了一位前途无量的小学生。

为了维持儿子的学业，她为儿子争得了学校发给贫困儿童的每月3个卢布的助学金，她自己还想方设法得到机会为教师们做零工，每月可以挣到10个卢布。就凭着这每月13个卢布的收入，母子俩精打细算，完成了索索在哥里小学的5年学业。

勤俭的索索

1890年，索索11岁的时候，在阿德尔汉诺夫鞋厂做工的爸爸因酒后与人争吵打仗，被人用刀子捅死了。爸爸的死，没有给家里带来更大的损失，也没有使索索觉得少了些什么。粗暴而严厉的爸爸给幼小的索索留下了痛苦的回忆，爸爸醉酒后无端的打骂，使索索从小就学会了反抗，无所畏惧。在与生俱来的悲惨境遇和贫困的生活里长大，索索成了一个早熟的孩子，成了一个倔强的孩子，成了一个早早就体味了生活艰辛的孩子。

好在苦涩的日子里，索索得到了妈妈全身心的爱与庇护。妈妈是幼小的索索生活的主宰，给索索的一生带来了影响。妈妈简朴的生活、顽强的毅力和坚韧的个性以及对生活的自信都深深地铭刻在幼小索索的心里，以致当索索长大并成为苏联共产党和苏联政府最高领导人，并已拥有了至高无上的权力与地位后，仍然保持着朴素的作风。他一生深深挚爱着他的母亲，称赞她的精明能干，钦佩她的善良正直，尊敬她的做人原则。

单从朴素这一点来说，是家境，也是母亲给了斯大林这一良好的影响。斯大林爱好简单，生活简朴，对财产和奢侈毫无兴趣。是啊，人生有比穿着打扮更重要的事等着人们去做，比如读书、工作；在吃穿打扮上花费过多精力与时间是不值得的。在这方面，斯大林做得很好，比如在穿着上。

不服输的索索

从小的时候开始，少年斯大林就表现出倔强、好胜的特点，要做就得做好，并且具有强烈的反抗性。那时候，索索长得并不英俊，他个子不高，又很瘦弱，皮肤黝黑，脸上因为得天花而落下了明显的麻斑，是个麻皮少年。后来，他又得了一场重病，是败血症。左臂化脓感染，差点死去。当他康复后，左臂就留下了残疾：肌肉有些萎缩，比右臂略微短了一些，弯曲起来不太灵活。

索索和伙伴们在一起的时候，意识到了自己的这些缺陷，心理上总觉得有些别别扭扭的。但他不是个轻易屈服的孩子，他并没有自暴自弃，迁就自己的缺陷，或因此而躲在角落里不敢与伙伴们接触。不甘落后的索索决定锻炼自己。不久，索索就战胜了他生理上的缺陷，变得强壮、有力，他成了全校最出色的摔跤手！哥里学校有许多学生是富家子弟，其中有很多孩子学习成绩比不上索索。起初，这些孩子言语神色之间很瞧不起麻皮少年索索，因为他出身低微、家境贫困。

索索因而早早就体会到了贫富差别。他于是更加发奋读书，成绩总是名列前茅。而且由于博览群书，他比许多同学知道的东西多，在辩论中常常能够很顽强又很巧妙地摆出自己的论点，击败辩论的对手，很少有"打败仗"的时候。最终，索索在班上形成了自己的优势：比起那些出身于葡萄酒或小麦商人家庭的纨绔子弟，他能够更轻松地诵读课文；在操场上，他的胆量和敏捷也远远超过他们，因此，他赢得了同学们的敬重和钦佩，大家反而都愿意听命于这个穷鞋匠的儿子了。

上小学以后，酷爱读书的索索阅读了大量书籍。在文学作品中，他对民间文学有着浓厚的兴趣，因为在格鲁吉亚的民族历史中，有许多的传奇故事，留下了丰富的文学遗产。不知不觉中，他被传说中的格鲁吉亚的传奇英雄迷住了。

他喜爱的最早的一部文学书是格鲁吉亚作家达·乔恩泽的中篇小说《苏玛尔城堡》，它的内容很接近美国女作家斯托所写的小说《汤姆叔叔的小屋》，而最使他着迷的是浪漫主义作家阿·卡兹别基的小说《弑父》。

这是一部集爱情、密谋、冒险精神为一体的历史题材的小说。内容取自1845年格鲁吉亚人民抗击俄国入侵者的故事。索索特别崇拜其中的一位英雄柯巴，柯巴是一位勇敢、机智、善于战胜任何困难的复仇主义者。柯巴从此成了索索心目中高高耸立的偶像和理想的化身。在索索看来，柯巴就是神，就是生命的全部真谛。他决心成为第二个柯巴，成为像柯巴那样的斗士、英雄和著名人物。索索坚定地相信柯巴将在他身上复活。此后，索索就把自己称作"柯巴"，并要同学们也这样称呼他。而每当同学们称他为"柯巴"时，索索的脸上就会放射出骄傲、自豪又喜悦的光芒。还是小学生的索索为自己起的这个名字，表明在他幼小的心灵里已经强烈地憧憬着一个理想：他决心成为一个柯巴式的强有力的、沉默寡言又英勇无畏的骑士，不怕战斗、顽强不屈、聪明机智、经得住磨难，又善于脱颖而出，直到出人头地。

柯巴这个名字，同斯大林的性格很相符。他强烈而鲜明的个性，就如同他给自己起的名字一样，而且始终如一地贯穿在他一生的各个阶段。

有一次，下课后，索索和同学们在走廊里休息。正在这时，一个平时总喜欢向校方打学生的小报告、最不受同学们欢迎的教师远远地走来。索索给同学们使了个眼色，大家心领神会，静了下来。当那个教师走过后，索索就带头起哄，随后同学们在背后一起对那个教师吹口哨，尽情地讽刺挖苦。很久以来饱受压抑的这口气终于发泄出来了。大家对索索的胆量和办法愈发佩服了，索索也逐渐以"领袖"或柯巴英雄自居。

还有一次，一个教师想找个机会难为这个"穷要饭的孩子王"，他出了个问题：圣彼得堡与彼得戈夫市之间的距离有多远。索索答了，他的答案被认为是错误的，被教师给否定了。索索坚持自己的答案是对的。这下子可把教师惹火了，他勃然大怒，要索索当场道歉。索索默默地站着，一言不发。他眼睛睁得大大地盯着教师，里面仿佛喷射着愤怒的火焰。

一天，学监带领高年级同学去哥里市郊外旅游，路上有一条很宽的溪流，索索第一个跳了过去。学监看着汩汩流动的溪水，担心自己掉进溪流中，不敢跳。他指着一个学生，让学生背着他过去。索索生气地对那个学生说："你是驴子吗？他凭什么让你背？就是上帝我也不会让他骑我，更别说小小的学监了。"就这样，索索还在小学时就敢同学校不合理的规定、侮辱人的教师斗争。

勤奋又活泼的索索

在学校里，斯大林虽然不守校规，可是，他却是一个勤奋好学的学生。在妈妈竭尽全力的争取下，索索才成了哥里教会小学的一名学生。在这里，索索读了6年书，起初读格鲁吉亚文字，后来学习俄文。这个早熟的孩子天资聪颖、有着非凡的记忆力，同时又很勤奋顽强、孜孜不倦，对知识有着强烈的渴求。每当拿起书本，索索就完全融入书中，忘了身外的一切，以至妈妈时常担心他累坏身体，总是劝他歇一会儿再读。

他总是事先预习好老师准备讲的内容。上课听讲的时候，他全神贯注，一动不动地坐在座位上，不错眼珠地盯着老师和黑板，捕捉着老师的声音和表情，脑子里紧张地思考着，跟着老师的思路，从不漏听一词一句。所以，每次提问，索索都能立刻对答如流，又快又好。上课是那样聚精会神，作业呢，一样完成得整齐干净，很少出错。每学期考试都考第一名。他的同学以及好麦伊烈马什维里后来回忆说"索索是一个顽强而勤奋、孜孜不倦的人。"如果因此断定索索在哥里小学是个只知死啃书本的呆子，你可就错了。

索索精力充沛、活泼好动，一双眼睛明亮而有神。他喜欢参加一切儿童的游戏。他总是不甘落后，是个在全校最优秀的摔跤手和辩论能手，而且每参加到这些活动中来，索索就生龙活虎一般，与上课时的文静判若两人。索索还有一副好嗓子，是哥里教会学校唱诗班的成员。他的同学格鲁尔吉泽后来回忆道，在学校令人难以忍受的窒息气氛中，我们最大的快乐就是唱歌，当索索领导我们即席合唱时，当他以清越而愉快的声音唱我们喜欢的民歌时，我们总是十分愉快的。"晚年的斯大林仍然喜欢看戏、看电影。

索索兴趣广泛，除了学校的正规课程以外，他还用剩余精力大量阅读课外书。到高年级的时候，他开始接触格鲁吉亚文学。格鲁吉亚文学宝库资源富饶，古老文化很有特色。他读过格鲁吉亚作家达·乔恩卡泽的感伤中篇小说《苏玛尔城堡》。这部书和美国女作享斯托所著的《汤姆叔叔的小屋》（又译作《黑奴吁天录》）有着相近的内容。他还读了泰·卢斯达维里的名著《披着豹皮的骑士》等等。而恰夫恰瓦泽、阿·策烈铁里、拉·埃里斯塔维、阿·卡兹别基等格鲁吉亚作家的诗和小说更是他经常阅读的。小学6年，他读完了哥里图书馆的所有藏书。广泛的阅读，在小索索面前打开了一扇观察世界的明亮的窗子，使他的思想冲破小小的课堂和校园的束缚，自由地翱翔。

1894年，索索从哥里小学毕业了，因为成绩突出，他获得了全优成绩（这对于一个贫家子弟是很不容易的），被保送到梯弗里斯正教中学，并得到一份奖学金，这才有机会继续学习。否则，母亲是没有能力供他上中学的。

15岁，索索告别了相依为命的母亲，最后看了一眼这熟悉的山山水水和记载了他那么多酸甜苦辣的小房子，便离开了养育他15年的小城镇哥里，只身一人前往格鲁吉亚的首府梯弗里斯。天空还是那么蓝，索索心里充满

了喜悦和兴奋,以及对未来的憧憬。他兴高采烈地步行了40多里才到梯弗里斯。

梯弗里斯,位于格鲁吉亚西部地区。这里气候炎热,风沙弥漫。这里是格鲁吉亚的首府,也是座古城,有宽敞的广场和大街、狭窄的弯弯曲曲的街道。从广场和大街延伸开去,街道的两边是密密层层的平顶房和热热闹闹的集市。集市上,土耳其和波斯商人、格鲁吉亚和亚美尼亚等民族的人们摩肩接踵,讨价还价。

梯弗里斯是沙皇派来的总督的驻地,外高加索(包括格鲁吉亚、亚美尼亚和阿塞拜疆部分地区)的政府所在地,是亚美尼亚人、格鲁吉亚人和俄罗斯人的聚居地。平时人们操着各民族的语言熙来攘往,喧闹繁华。特别是自从这里修了一条重要的军用公路又开发了石油和采矿业后,发展很快,成为新兴工业城市。而在19世纪初,沙皇选择了高加索作为政治犯流放地。这些流放犯都是反对沙皇、具有新思想的人,所以,新的俄国革命者和俄国新思想就涌进了外高加索的梯弗里斯、库泰依斯等地,其影响也波及到学校。索索入学时,马克思主义著作已流传到俄国。在正教中学也能读到一些宣传马克思主义的小册子。

 索索的中学生活

沉稳的索索

在教会中学,这个15岁的少年会不会改变自己呢?

这所教会中学处于深宅大院,人们称它是"石头口袋"。学生们在营墙内过着兵营式的生活,日复一日,年复一年,像囚徒一样被无辜监禁。学校生活照例严格而单调:一律早7点起床,全体学生到礼拜堂里集中做长时间的东正教晨祷,然后吃早点,之后一直上课到下午2点,下午3点进午餐,5点点名、晚祷、8点进晚餐、上自习,10点就寝,连节假日都要做

3~4个小时的宗教活动。学生如果有事,只有得到特殊允许才可以在课后外出2个小时,但必须在下午5点学校关闭大门以前返回。

在这所教会中学里,斯大林变了。过去的那个活泼好动的索索不见了,他变成了一个态度严厉、举止谨慎、性格内向但又很倔强的少年了。虽然比较谨慎不爱说话,但对看不惯的事却总能大胆反抗。他的同学大卫·帕比塔什维里后来回忆说:"索索进入中学以后明显地变了。他沉默寡言,对儿时的嬉戏一概不闻不问了。"瓦诺回忆道:"这时索索同学的性格完全变了,童年的活泼好动成了过去的事。他少言寡语,似乎非常内向。"

他也不喜欢同学和他开玩笑。他的同学们不解地说:"柯巴竟然不理解什么叫做玩笑。奇怪的格鲁吉亚人,没有玩笑竟能生活的格鲁吉亚人。他对别人善意的玩笑竟能报以老拳。"但是,在课外活动中,他仍然是不可侵犯的领袖,是同学们的"头"。正教中学的当权者发现斯大林在学生们中间很有吸引力,许多头脑聪明的学生都听他的,便对他产生了怀疑,动员了大部分教师,暗中加紧注意斯大林。

一天,斯大林吃过早饭回到宿舍,奇怪的是宿舍门被打开了。推开门,神学教师摩拉霍夫斯基站在屋里。这个人平时就对学生凶神恶煞一般,大家都恨死他了,他来干什么呢?看看走时收拾得干干净净整整齐齐的宿舍现在被翻得乱糟糟的情形,斯大林心里全明白了。他压住往上窜的怒火,毫不客气地质问道:"你要干什么?"

看到站在面前的这个怒气冲冲而又倔强的少年,摩拉霍夫斯基故作威严,申斥道:"你就这样同师长讲话吗?"斯大林毫不理睬教士的问话,反而更加提高了嗓门,质问道:"我在问你,你要干什么?""干什么?检查!"教士蛮横地答道。"检查?有什么可检查的,学校不是已经严得像铁桶一样密不透风吗?"斯大林理直气壮地反驳道。

"上帝给我的使命,就是要……保护你们!这是我的义务!""哼!保护我们?"斯大林微微眯起眼睛,轻蔑地说。他走到桌子前,捡起教士们搜查宿舍时打破的玻璃杯,举到摩拉霍夫斯基眼皮底下:"您在课堂不是讲过,上帝要保护私人财产的吗?难道就这样保护?"

不少陆续回到宿舍的同学,看到眼前的情景,非常气愤,听到斯大林

的质问，又不禁哄堂大笑起来。摩拉霍夫斯基狼狈不堪，恼羞成怒，脸都气白了："你们敢拿上帝开玩笑，真是造反了！你，朱加施维里（斯大林）竟敢煽动同学闹事，抗拒检查，侮骂师长。你等着，我找校长去……"在同学们的哄笑声中，教士钻出人群，仓皇逃走，找校长告状去了。不久，学校以斯大林对师长粗暴无礼、违犯校规为名，按校长大人的命令，罚斯大林禁闭5小时。禁闭就禁闭好了，斯大林才不怕这套呢！

他与从前被学校开除而现在已参加革命的学友保持着秘密联系，还和好友伊烈马什维里经常互助合作逃避学校严密监视，偷偷溜出学校，参加铁路工人俱乐部的秘密集会，听流放政治犯的报告……

同时，他又组织成立了教会中学的马克思主义学习小组，开始宣传马克思主义；并时常避开学校到社会参加宣传鼓动活动，参加了马克思主义社团，甚至参与工人示威活动。他与这个处处压抑人的教会中学，与束缚甚至摧残人的"校规"越来越格格不入了。斯大林的活动引起学校的不满，使他接二连三地受到惩罚，但是，斯大林并不屈服。1899年5月，因为不断违犯"校规"，斯大林被学校开除了。

读"禁书"

梯弗里斯正教中学，是沙皇控制十分严厉的一所学校。这所正教中学很有特点。在格鲁吉亚甚至高加索，不一定是最大的，但却是最重要的一所中学，是高加索地区知识分子的主要培养地。学校开设的主要课程是神学，如祷文、新旧圣约全书。此外也包括数学、希腊语、拉丁语，还有俄罗斯文学和历史等。教师大部分是修士或神甫。每天钟声一响学生们就要赶到教堂做祷告。平时还严密监视学生，学生读书很受约束，不经教师和学校允许的书或从校外带入的书，以及所有格鲁吉亚文字的书都是"禁书"，读了就要受罚。酷爱读书的索索为了能继续读到心爱的书又不被发现，真是想尽了一切办法。

一天早上，教士又赶着同学们到教堂去做祷告了。索索躲在队伍的后边，紧贴着前边同学的后背，低着头，像是虔诚祷告的样子。他悄悄地从口袋里掏出一本达尔文的《人类的起源》偷偷地看了起来。跪在索索旁边的同学格鲁尔基策看他读得那么入迷，便轻轻地捅了他一下，悄悄地问：

"喂，看什么书呢？"

索索头也不抬地说：

"这可是一本好书，一本关于人也是关于上帝的书。"

格鲁尔基策也感兴趣了，把头凑过来问：

"人不是上帝造的吗？老师上课就这么讲的，谁不知道？"

索索沉默了一下，又打量了格鲁尔基策几眼，才郑重其事地说：

"不，上帝是根本不存在的！"

格鲁尔基策大吃一惊，不由瞪大了眼睛，悄悄地问：

"索索，你说什么？你敢怀疑上帝？"

索索悄悄地把书揣进怀里。告诉他：

"别急，回去我借你看看这本书。你就会知道，神甫讲的关于上帝的话，都是骗人的胡言乱语。"

格鲁尔基策被索索的话吸引住了，迫不及待地问：

"这么好的书是谁写的？"

"达尔文。"

格鲁尔基策又吃了一惊：

"索索，这可是禁书呀。看这书要受罚的。"

索索淡淡地一笑，真诚地说：

"甭管那套，这本书是一定要读的……"

正在这时，一个教士慢悠悠地踱了过来，抬眼朝索索他们这边扫了扫。索索赶忙低下头，叽叽噜噜地背起祷词来。……

后来，这本书传过了许多同学的手，大家对万能的上帝产生了怀疑。

因为读"禁书"被学校发现，索索屡屡受到禁闭。

为了排除教会、学校设置在求知道路上的种种障碍，需要多少机智、顽强和坚决啊。为了读到更多的书，有的时候，他们不得不想尽各种办法，把书藏在衬衣里，偷偷地带进来；把厚书撕成单页，藏在课本和笔记本里，然后互相传阅该书单页；把秘密小册子藏在壁缝里和天井的柴堆里……

就这样，索索一本接一本地读了许多书，不仅有格鲁吉亚诗歌，也有俄罗斯和西方经典著作。果戈里、谢德林、契诃夫和托尔斯泰都是他喜欢的俄罗斯作家。他阅读巴尔扎克、雨果、萨克雷的名著译本，萨克雷的《名利场》给他留下了深刻的印象。他也爱看历史、经济和生物学方面的书籍。

在他阅读的书籍中对他思想影响较大的有达尔文的《人类的起源》、费尔巴哈的《论基督教的本质》、巴克尔的《英格兰文明史》、斯宾诺莎的《伦理学》、勃图努的《民族文学发展史》和门捷列夫的《化学》等等。考古、地质、天文、化学、历史、文学、政治无所不有，对将来当神甫的学生来说，读这些书的确是个大胆的行动。这些书使他变成了一个无神论者，使他眼界更开阔，思想更成熟了。

学习《资本论》

索索的读书兴趣很广泛，他读了许多现实主义文学作品，如雨果的长篇小说《海上劳工》、《九三年》，果戈里的长篇小说《死魂灵》等，从这些进步文艺作品中，他更加理解了人类社会中种种不合理的现象。他开始思考：为什么劳动人民没有权力？劳动者怎样才能斗得过统治者呢？为了寻找答案，他开始研究革命斗争的学说了。那时候，索索私下里和一些同学组成了梯弗里斯第一个马克思主义学习小组，主要活动是研究马克思主义学说。

如何冲破学校的层层封锁、教会的道道禁令，跨越重重障碍搞到自己所需要的书呢？索索总是特别有办法。他经常把从大众图书馆借来的书偷偷带进学校，像《共产党宣言》、《所有制的发展》、《英国工人的阶级状况》以及巴黎公社斗争事迹、列宁的一些文章等，都在同学中传阅过。因此，索索居住的集体宿舍，被同学们称为正教中学"学校中的学校"。同学们得知马克思写的《资本论》是本很重要的书，都迫不及待地渴望读到它。

那时，梯弗里斯有一个旧书商，很有名气，这个旧书商还出版了一些他自己按照民粹派精神所编的廉价的小册子。不知道他从哪儿首先弄到一套马克思的《资本论》第一卷。他看到大家都渴望阅读这本书，于是觉得奇货可居，决定马上出租，而且把租金定得很高。为了读到书，同学们便你一分钱我一分钱地筹集起资金来。大家的力量毕竟有限，因为很多穷苦学生在学校连吃饭都成了问题，常常每顿只能吃个半饱，筹集到这样一笔钱自然十分困难。

不久以后的一天傍晚，索索兴冲冲地从外面回到宿舍，对同学们说："嘿，我终于找到它了！"几个要好同学赶忙围了上去。索索解开外套，把一大本厚厚的书掏出来，封面上的几个大字《资本论》在同学们眼中闪闪发光。大家高兴得欢跳起来。一会儿你过来仔细瞧瞧，一会儿他过来上下摸摸，那个兴奋劲就别提啦！有书了，同学们急不可耐：

"索索，咱们马上开始学习吧！"

"不，现在还不能开始。"

索索解释道："这部书在整个梯弗里斯就只有这一部，现在许多马克思主义小组都等着学习它，几个小组商议了一下，我们决定自己动手共同抄写一部，再把抄出的这一部分装成若干册，在各个小组流传，这样大家不是都可以看到这部书了吗？大家觉得怎么样？"

同学们一致赞成。于是，从这天起，每当夜深人静，学校里其他人都睡熟后，总有同学悄悄起床，用布帘遮住门窗，借着微弱的灯光，趴在床上急速地抄写。就这样，一夜，两夜……，他们终于用自己的手把这部上百万字的《资本论》第一卷，从第一个字抄到了最后一行。他们有了自己的《资本论》，以后，便一面学习，一面思考，弄不太懂的问题，他们还要利用休假日跑到普希金公园，展开热烈讨论。

在这种强烈求知欲的支配下，索索千方百计地寻找新知识，完全投入到学习中，为了积累知识用尽一切空余时间，时常还要通宵达旦地攻读。索索这种良好的习惯，甚至在革命后被流放中也没有放弃。在艰苦恶劣的流放地，在四处奔波的革命中，那些漫长的寒夜里、暗淡的烛光下，伴着呼啸的寒风，索索贪婪地一页一页啃读着革命著作。他对自己的自学要求很严，无论如何每天要坚持读书500页。

斯大林中学没有毕业，但他始终保持着强烈的求知欲，书籍对于他就像面包一样必不可少，他通过坚持不懈地顽强自学，养成了良好的学习习惯，他成了一个知识全面的人。正如熟知他的朱可夫元帅所说，斯大林有着"精确阐明思想的能力、天生的分析才能、异常博学和罕见的记忆力"。"他读得很多，是一个熟悉各种知识领域的人……惊人的工作能力和善于很快地把握住事情的实质，使他能够审理并掌握大量的各种各样的材料，这只有能力超群的人才能做到……"他也用他的思想和经历去教诲他的人民，鼓励他们都成为掌握专门知识的人。重视知识，重视知识分子，斯大林领导人民建设了一个新世界。

年轻的革命者

斯大林是个好老师

1902年，斯大林住在一个贫穷的农民家里：那个农民有个不满10岁的小男孩，叫鲍里斯，是个聪明的孩子。最初，他看到斯大林就感到害怕，后来，他发现住在他家的杂物房里的这位身材瘦削而精悍的年轻人，有着一双十分明亮而和善的大眼睛，下巴上还留了一丛又黑又密的大胡子，鲍里斯觉得很有趣。

白天，大胡子和其他流放犯人一样一大早就去做工，晚上很晚才回来。回来的时候，虽然已经很累了，但每天深夜，当别人都睡下后，他还要在灯下看着什么东西，有时直到天亮。日复一日，鲍里斯好奇地想："大胡子干什么呢？"

有一天，当小屋里又亮起灯光的时候，鲍里斯蹑手蹑脚，悄悄推开大胡子的房门，溜了进去，见大胡子正坐在灯光下看东西。"谁？"大胡子听到门响，机警地抬起头。他见是房东的孩子时，便温和地笑了，连忙招呼：

"来，进来吧，快把门关上。"

鲍里斯怯生生地走过来，大眼睛探寻地盯着大胡子。"我想问问，你在看什么？"

"我在看书啊！"大胡子边说边把书拿过来，"喏，这就是书，我每天看的就是这个，这里面有世界上最美妙的东西：知识、智慧和理想，看了它，你就会变聪明的，它会把你带到你所向往的最美好的地方去。"

鲍里斯听得入迷了。

大胡子和气地问：

"你认字吗？"

鲍里斯摇摇头。

'你愿意学吗？我来教你。"

"太好了！愿意！愿意！"

鲍里斯兴奋得双眼发亮，于是说：

"我能学会吗？"

"当然学得会，只要努力，坚持学，又有信心，就没有学不会的东西。"

从这天起，每到傍晚，鲍里斯都盼着大胡子快回来，好教他学文化。大胡子一回来他就跟进屋去。大胡子教得认真，鲍里斯学得开心，鲍里斯可以断断续续读些什么了。

当鲍里斯慢慢长大后，他始终牢记着大胡子的话："不管多么困难，都要坚持学习。"后来，他也成为了一个很有学问的人。后来他入党参军，参加十月革命，才知道，大胡子原来就是斯大林。再后来，鲍里斯在战场上受了伤，回到家乡后，斯大林号召青年们学习文化，攻克科学堡垒。鲍里斯就在自己家乡新乌达村办起了第一所学校，做了校长，他常向孩子们讲斯大林教他学文化的故事。

他总是激动地说：

"是谁在我们这块荒凉的土地上最早播下文化的种子？是斯大林。没有斯大林就没有我们这所学校。"播下文化的种子，说得多好啊！其实，何止是在青少年时代，何止是在新乌达村，这种对知识强烈的热爱、渴求和重视，不也正深刻地影响着他的后半生领袖生涯吗？

依靠群众的力量

穷鞋匠家庭出身的斯大林从小就亲身体验到了穷苦人民的艰辛，亲眼看到了穷人受剥削受压迫的惨重情景，了解穷人的痛苦处境和要求。为了劳苦大众过上好日子，他坚定地投身于改变他命运、推翻沙皇残暴统治的事业，而了解群众、发动群众、依靠群众，正是他事业成功的秘诀之一。

很小的时候，他就懂得了穷人的艰辛，这不光是从妈妈那儿体会到的，还有自己亲眼目睹的。有一天，索索和同学们到城外去玩儿，当走过一块农田的时候，看到几个农民正坐在地头的树下休息，他们就走上前去。农民们亲热地招呼着他们，一个农民脱下上衣铺在地上，让索索坐上。索索走过来，拿起衣服，又给老人披在身上，这才坐在他身边说起话来。

索索看到农民挥汗如雨地干活，却捧着一块干裂的黑面包慢慢地啃，忍不住问道：

"老伯伯，你们干活儿这么累，一天从早到晚地忙，一定收了不少粮食，为什么还吃得这么坏呢？"

老人叹了口气回答道：

"耕种和收割是我们的事，但是打下的粮食要给地主交租子，要给衙门纳税，要给教堂付捐，还有那么多说不出名目的负担。轮到我们自己，还能剩下多少呢？"

农民们七嘴八舌地议论开了：

"他们哪里把我们当人？我们像泥土一样被踩在地上，任意践踏！"

"这世界什么时候是尽头啊！"

"总有一天老子要跟他们算帐！"

这次谈话给索索留下了深刻的印象：农民们是受剥削受压迫最惨重的人。总有一天，人民会打倒沙皇，到了那一天，人民就会过上好日子。

随着斗争的发展，斯大林觉得光凭一张嘴巴宣传，力量毕竟有限，如果能建立一个印刷所，就可以印刷《火星报》和出版自己的《斗争报》了，那样就可以更有力地宣传马克思主义,动员更多的劳动群众起来斗争,壮大革命力量。由于埋头苦干,斯大林曾在斗争中建立过好几个印刷所,这些印刷所源源不断地印出不受沙皇政府机关检查的自由报纸,像俄文版的《火星报》,格鲁吉亚文的《斗争报》,以及紧密结合工人斗争实际很有鼓动性的传单。警察发现了,大为恐慌,到处搜查,寻找印刷所,斯大林不得不带着印刷机四处躲藏,和敌人"打游击"。

卡辛是个信奉伊斯兰教(回教)的穷苦农民,和斯大林早就认识了。他喜欢听斯大林给他们讲革命道理,斯大林讲得又通俗易懂,又活泼生动,他打心眼里佩服斯大林、支持斯大林的革命活动。当卡辛听说斯大林正被警察追捕、还要把印刷机藏在他家里时,十分爽快地对斯大林说:"好吧,没问题!就住在我这里。这里很偏僻,邻居们又都靠得住,警察不会找到这儿来的。"晚上,卡辛让儿子安排斯大林住下,自己就出去找帮忙排字的人了。

第二天,卡辛请来几个妇女,都是可靠的亲戚或近邻。很快他们就学会了排字印刷,一个秘密的印刷所就这样建立起来了。这些女工们头戴黑纱,扮作回教徒,来来往往,并没有引起人们的注意。可是每到夜深人静的时候,村民们走过卡辛家,总能听到里面传出"呱哒、呱哒"的神秘的声音,而每天早晨又总是看见卡辛挎着菜篮子到工厂门口去卖菜,这使他们对卡辛家的那位客人产生了怀疑。

卡辛的客人到底是一个干什么的人呢?他在搞什么鬼?有一个自以为很有见识的人,神秘兮兮地对大家说:"依我看,这样偷偷摸摸的,准是个造假钞的。"为了揭开这个秘密,一天夜里,几个农民一起来到卡辛家,挤进斯大林的屋子,向斯大林说明来意:"我们来没有别的目的,只是想知道,先生你是做什么的,要是造假钞的话,我们都想看看那玩意儿是怎么造出来的,再有,那些假钞,怎么拿去花呀?"斯大林仔细看了看这些农民,见他们都很憨厚、朴实、诚恳,就微笑着对他们说:"我不是制造假钞的,你们搞错了。"斯大林一边说一边抽出一叠刚印好的传单,送给每人一份,告诉他们:"我印的这些东西,都是讲你们的事:沙皇和地主怎样搜刮农民,农民怎样才能过上好日子,你们看看吧!""啊,原来是这样!"农民

们恍然大悟，齐声惊叹地说："这可太好了，原来你是在替咱们穷人办事啊！要说印假钞一类的事，我们不懂，帮不上你的忙。至于你说的这种事，本来就是我们的事嘛。我们不但感谢你，还要尽力帮你。以后有什么事需要我们，只要办得到的，就只管说吧，我们都乐意做！"

从此以后，这些农民都成了印刷所的忠实保护者，他们也像卡辛一样，都帮着往外传送报纸和传单，有时甚至把传单挂在路旁的树枝上，让路上来往的人都能看到。

这些报纸和传单帮助更多的群众觉醒起来，加入到推翻沙皇统治的队伍里来。

斯大林的青少年时代就是这样了解群众的思想，唤醒群众觉醒，发动群众斗争，相信群众并依靠群众的帮助，最终获得了无产阶级事业的成功，成为了伟大的领袖。生活在世界上，个人离不开群众，离不开集体，斯大林就是依靠广大群众才获得了无穷的力量。

关心人民的年轻领导

青少年时期艰苦的生活，使得斯大林深深地体会到了人民生活的不容易，即使参加工作之后，这个年轻的小伙子仍然关心着人民的生活。在离莫斯科很远的偏僻小村子里，住着一位妇女，她有个活泼可爱的女儿叫丹娘。有一回，小丹娘得了重病，她的爸爸又没在家，丹娘的妈妈急坏了。往日热热闹闹的家里，现在变得冷清清的，连小花猫都悄悄地卧在丹娘身旁不作声了。

小丹娘躺在床上，脸色惨白，额头滚烫，鼻子急促地喘息着，鼻息也是滚烫的。在妈妈一再焦急地叫着她的名字的时候，她才艰难地睁开眼，其余时间就那样半昏迷地睡着。村子里的医生来看过了，说丹娘需要尽快做手术，可是这村子里的医疗条件又做不了。去大城市得多远，又得需要多长时间啊？怎么来得及呢？妈妈的心像油煎一样难受。正在丹娘的妈妈万分焦虑的时候，她的目光忽然落到墙上挂着的斯大林的肖像上。

"对，斯大林，斯大林一定会有办法的！"

她自己连夜急匆匆一口气跑到十几里外的小镇去了。到了邮局，她马上给斯大林发了一封电报，报上说："亲爱的斯大林同志，我可爱的小女儿病了，病得很厉害，急需一名专门的耳科医生。请您帮帮忙，快来救救她吧！"电报发走了，丹娘的妈妈心怦怦跳着，忐忑不安地想：这么晚了，斯大林能及时接到电报，记着这么小的事吗？哪知，3小时后，莫斯科就发来了回电："不要着急，已经派去最好的医生。孩子的病情究竟怎样，治疗后把情况告诉我。约·维·斯大林。"原来，斯大林是在彻夜工作啊！丹娘的妈妈激动得热泪盈眶：我们的丹娘得救了！

第二天早晨，曙光还没爬上窗子，一架直升飞机就已经降落在丹娘居住的村庄里。医生下了飞机，径直走进丹娘家，他仔细给丹娘检查了病情，立即准备好器械，给丹娘做手术。手术做完，医生告诉丹娘的妈妈："没事了，丹娘很快就会好起来。"妈妈高兴得哭出了声。

就这样，小丹娘得救了。飞机的嗡嗡声把全村人都惊动了，当他们得知斯大林派人为小丹娘治病的故事后，都争相传颂。斯大林对人民的爱护是多么无微不至啊！因此才赢得了人民对他的爱戴。

斯大林总喜欢给大家讲勇士安泰的神话传说。

安泰，是大地的儿子，一个很了不起的英雄。他力大无穷，原来，每当他和敌人决斗精疲力尽的时候，他就往地上靠一靠——从大地母亲那里重新获得力量，又变成无敌的英雄。有一次，当他和盖尔枯里斯决斗的时候，盖尔枯里斯发现了他力大无穷的秘密，在战斗中，盖尔枯里斯突然把安泰举到手中，把他和大地母亲隔开了，结果，安泰失去了力量源泉，被扼死在半空。"我们的力量源泉是谁呢？是人民。人民是我们的母亲。依靠人民，我们就力大无穷、百战百胜，离开人民，我们就失去力量、寸步难行。"是的，靠人民才会力大无穷，这是斯大林青少年时代就形成的认识，并培养了良好的习惯，是他成功的一条秘诀。个人离不开集体，领袖离不开群众，个人这棵小树只有扎根在群众的沃土里，并善于汲取养料，才会茁壮成长、枝繁叶茂、抵抗得住任何风风雨雨的侵袭。